Sarah Bernhardt

Claudette Joannis

Sarah Bernhardt

Reine de l'attitude et princesse des gestes

À Henri

« Songe à tous les printemps qui dans nos cœurs s'entassent, Mes souvenirs à moi seront aussi les tiens. »

AVERTISSEMENT

Ce portrait intime n'est pas une biographie. De nombreux auteurs ont par leur science et leur compétence largement contribué à la connaissance d'un personnage qui demeure à certains points de vue une énigme. Mon souhait est d'évoquer à propos de la troublante, de la trépidante Sarah, quelques aspects moins connus de sa personnalité intime et publique, comme sa passion pour les costumes, son apport dans la mise en scène et la conduite des acteurs ou encore l'élaboration de son mythe et de sa légende.

Ce livre n'est pas le fruit de l'imagination, il a donc nécessité l'aide et le soutien de plusieurs personnes que je voudrais remercier ici.

En premier lieu, Christophe Pincemaille dont la diligente bienveillance et la sensibilité à l'écriture m'ont aidée à remettre en forme des tournures par trop scolaires. Deux collectionneurs m'ont ouvert leurs trésors, acceptant de laisser à ma disposition, avec la plus grande gentillesse, de précieux documents : photographies, coupures de presse, programmes... Il s'agit de Jacques Dauriac et de Daniel Ladeuille, lequel a bien voulu que soient reproduites plusieurs photographies qui illustrent ce livre. Tous deux, passionnés par Sarah Bernhardt, m'ont communiqué des informations sur sa famille et sa carrière ; ce fut également le cas de Lady Jane Abdy que je remercie ici.

M. Claude Nicot, président, et M. Antoine Canque, directeur général de la Mutuelle nationale des artistes, m'ont laissé toute latitude pour travailler sur le fonds important d'objets et de documents qui appartient au musée des Artistes à Couilly-Pont-aux-Dames.

J'ai également trouvé à la bibliothèque de l'Arsenal, et au département des arts du spectacle de la Bibliothèque nationale de France, que dirige Noëlle Guibert, de nombreux ouvrages dont certains peu consultés, qui m'ont été d'une aide précieuse. Mes remerciements vont aussi à Alain Lesieutre, marchand et collectionneur, sans oublier Bernard Chevallier, directeur du musée de Malmaison et de Bois-Préau, qui m'a encouragée dans ce projet.

Claudette Joannis

à Sarah

En ce temps sans beauté, seule encor tu nous restes
Sachant descendre, pâle, un grand escalier clair,
Ceindre un bandeau, porter un lys, brandir un fer,
Reine de l'attitude et Princesse des gestes !

En ce temps sans folie, ardente, tu protestes !
Tu dis des vers. Tu meurs d'amour. Ton vol se perd :
Tu tends des bras de rêve, et puis des bras de chair.
Et quand Phèdre paraît nous sommes tous incestes.

Avide de souffrir, tu t'ajoutas des cœurs,
Nous avons vu couler – car ils coulent tes pleurs ! –
Toutes les larmes de nos âmes sur tes joues.

Mais aussi tu sais bien, Sarah, que quelquefois
Tu sens furtivement se poser, quand tu joues,
Les lèvres de Shakespeare aux bagues de tes doigts.

Edmond Rostand

PROLOGUE

« De son regard, elle soulève le monde »

Le 9 décembre 1896 restera dans les annales de Paris comme un jour mémorable pour les amoureux de l'art dramatique. En effet, ce jour-là, tous les beaux esprits et toutes les vedettes de la scène parisienne se réunissent au théâtre de la Renaissance pour fêter « la Divine », « l'Enchanteresse », « la Monstrueuse », « l'Unique » : Sarah Bernhardt.

Il s'agit, dans l'esprit des organisateurs, de rattraper l'indifférence des autorités à l'égard de l'illustrissime comédienne (Sarah ne recevra la Légion d'honneur que dix-huit ans plus tard). Avec cette « journée Sarah Bernhardt », ses camarades entendent lui rendre un hommage grandiose, dont la presse se fait largement l'écho. Ils la comblent de cadeaux, de poèmes dédiés à sa gloire. À cinquante-deux ans, Sarah, adulée dans le monde entier, qu'elle sillonne avec ses tournées depuis trente-six ans, ne cache pas son émotion devant autant de témoignages d'amour et d'admiration. Cet hommage, venant de la part de ses pairs qui n'ont pas toujours été tendres avec elle, surtout à ses débuts, lui va droit au cœur.

Aux remarques assassines sur sa silhouette, sur sa voix, sur ses excentricités, ont succédé les éloges les plus vibrants. Depuis la création du *Passant* en 1869 à l'Odéon, presque chacune de ses pièces a été un succès, pour ne pas dire un triomphe. Bouleversé jusqu'aux larmes par son interprétation de la reine dans *Ruy Blas* et de doña Sol dans *Hernani*, le vieil Hugo s'est jeté à ses pieds. Aussi à l'aise dans *Phèdre* (la tragédie classique) que dans *La Dame aux camélias* (le drame romantique), elle trouve dans les drames historiques de Victorien Sardou – *Fédora, Théodora, Gismonda* – des héroïnes à sa démesure, avant que le sensible Edmond Rostand ne la comble avec *L'Aiglon*, qui la propulsera, à cinquante-six ans, au firmament de la célébrité. Ce même Rostand qui vient de la hisser sur le pavois, après l'avoir proclamée « Reine de l'attitude et Princesse des gestes ».

CHAPITRE PREMIER

Mademoiselle Révolte

L'enfance, l'adolescence de celle qu'on appellera plus tard « la Divine », « la Voix d'or » ou encore « l'Enchanteresse » ne furent pas particulièrement heureuses. Dans *Ma double vie* – ses Mémoires écrits en 1898, à l'âge de cinquante-quatre ans – Sarah choisit de s'attarder longuement sur sa jeunesse. Malgré les non-dits et une interprétation personnelle des événements, c'est à travers ces pages de souvenirs que nous faisons connaissance avec une enfant dont le caractère se constitue à force d'obstination, de rébellion et de désespoir. Les origines et l'éducation de Sarah expliquent en partie les traits de sa personnalité. Toute sa vie, la comédienne gardera le secret sur les conditions de sa naissance. Toutefois, au hasard des confidences parfois contradictoires qu'elle a livrées à ses intimes, au fil des entretiens qu'elle a accordés à des journalistes, il est possible de reconstituer les événements les plus marquants de cette jeunesse turbulente et chaotique.

Née d'un notable provincial et d'une modiste sans le sou, Sarah est une enfant illégitime, non désirée.

Sa mère, Judith Van Hard (elle se fait également appeler Julie), n'a pas vingt ans quand elle accouche au 5, rue de l'École-de-Médecine, à Paris, le 25 septembre 1844, d'une fille qu'elle prénomme Sarah Marie Henriette. Judith, de confession israélite, est née à Berlin d'un père hollandais et d'une mère allemande. Issue d'un milieu prolétaire, elle a appris la couture et a commencé à travailler très jeune. Émancipée de la tutelle de ses parents, elle mène une vie dissolue et tombe amoureuse d'un diplomate français qu'elle suit à Paris. La France de la monarchie de Juillet somnole alors sous le règne d'un roi bourgeois, économe et partisan de l'ordre moral. Les perspectives d'avenir pour une jeune ouvrière émigrée dont le métier de couturière constitue l'unique avoir ne sont guère prometteuses. Mais, et c'est un trésor qui va l'arracher à l'indigence, Judith, bien que petite, est remarquablement belle. Son teint clair donne un éclat particulier à sa somptueuse chevelure rousse. « Maman, écrit Sarah qui conserve un souvenir émerveillé de sa mère, belle à ravir, semblable à une madone, avec ses cheveux d'or et ses yeux frangés de cils si longs, qu'ils faisaient ombre sur ses joues quand elle baissait ses paupières, donnait de l'or à tout le monde. »

Judith se fixe dans le Quartier latin et trouve à se placer chez une couturière, mais c'est ailleurs qu'elle va exercer ses talents. Elle sait jouer de son charme, elle se montre aguicheuse et enflamme facilement les cœurs. Elle ressemble à ces lorettes, jeunes, agréables et faciles, qui « tiennent le milieu entre la grisette et la femme entretenue ». Elle rencontre un étudiant en droit qui appartient à une famille d'armateurs du Havre. Édouard Bernhardt – c'est son nom – possède de la fortune. Pour lui la vie est facile, il n'a jamais manqué de rien. Quand on dispose de quelques rentes, il est de bon ton d'entretenir une fille. Il installe la belle et futile Judith Van Hard, surnommée Youle, dans un confortable meublé au quatrième étage d'un immeuble de la rue de l'École-de-Médecine. Pour lui, il s'agit d'une simple liaison qui agrémente sa vie de garçon mais ne l'engage nullement. Une maîtresse ne remplace pas une épouse et d'ailleurs ses parents s'opposeraient à toute idée de mariage. On ne prend pas femme en dehors de son milieu ! Judith se retrouve enceinte. S'il n'entre certainement pas dans les intentions d'Édouard de fonder une famille avec elle, il n'esquive pas non plus ses responsabilités envers elle.

Pour preuve, il reconnaît l'enfant et lui donne son nom. Jusqu'à sa mort prématurée, ce père lointain, que Sarah, qui en parle peu, décrit comme un grand voyageur, veillera toujours à assurer la sécurité pécuniaire de sa fille.

L'arrivée de Sarah encombre Judith plutôt qu'elle ne la comble vraiment. La petite est aussitôt placée en nourrice près de Quimperlé, en Bretagne. Mais la paysanne qui en a la charge se montre négligente. Faute de soins, l'enfant s'anémie. Laissée sans surveillance parmi les chiens et les chats, la petite tombe un jour dans le feu. Pour la soulager de ses brûlures, la nourrice la plonge dans un bain de lait, ce qui lui vaut son premier surnom de « fleur de lait ». Informée de l'accident, Judith rapatrie sa fille à Paris et la confie à une nourrice de Neuilly. Sarah a cinq ans. Nous sommes en 1849, et quelques mois auparavant la révolution de février 1848 a balayé la monarchie de Juillet et proclamé la Deuxième République.

Entre-temps, la situation matérielle de Judith s'est considérablement améliorée. L'argent d'Édouard et un opportun héritage légué par une parente hollandaise lui donnent quelque aisance. À Paris, elle a retrouvé Rosine et Henriette, ses deux sœurs venues tenter, elles aussi, leur chance dans la capitale française. Les demoiselles Van Hard fréquentent les cafés à la mode, ceux du Palais-Royal et des Grands Boulevards, comme Frascati ou Tortoni, sur le boulevard des Italiens. Ces lieux sont en quelque sorte les quartiers généraux des dandys célibataires, des provinciaux, des étrangers qui y prennent leurs repas. Elles se font remarquer pour leur beauté. Elles entrent bientôt dans le demi-monde, pour reprendre l'expression imaginée par Dumas fils, ce demi-monde que rejoint la cohue des courtisanes. Elles se laissent couvrir de cadeaux par leurs protecteurs, des bourgeois ou des aristocrates qui dépensent sans compter et donnent l'impression de jeter l'argent par les fenêtres. L'avènement du Second Empire en 1852 inaugure une ère brillante. Paris s'embrase des mille feux de la fête impériale sous l'impulsion de l'impératrice Eugénie. Après les années ternes de la monarchie de Juillet commencent les années de plaisir. La France prospère et se modernise. La révolution industrielle enrichit banquiers et chevaliers d'industrie ; la révolution agricole remplit les bas de laine des paysans et des rentiers de la terre. On monte à Paris pour s'étourdir dans les bras de ces femmes légères. Elles recueillent, elles aussi, leur part de ces flots d'or qui gonflent comme un torrent après l'orage à la faveur de la spéculation boursière. Chaque époque a eu ses cocottes, mais aucune ne les a mieux honorées que le Second Empire. Plus elles rivalisent d'élégance, plus elles accroissent leur crédit auprès des riches messieurs. L'argent va à l'argent, c'est bien connu. Pour couvrir ostensiblement leur gorge, elles achètent leurs parures chez ces mêmes bijoutiers qui fournissent les princesses ou les duchesses ; elles commandent leurs robes chez ces mêmes couturiers qui habillent l'impératrice et les dames de la cour ; elles paradent dans les mêmes endroits publics – théâtres, concerts, promenades, champs de courses – que les femmes du monde, mais, en général, elles le font avec moins de discrétion. « En une demi-décennie, je passai pour l'une des plus adulées de ces dames que certains esprits appelaient les grandes horizontales, raconte Cora Pearl, l'une des plus fameuses d'entre elles. À Paris, parmi une centaine de milliers de femmes qui vouaient leur vie à l'amour, seules quelques rares élues s'étaient attaché des protecteurs d'une telle fortune qu'elles pouvaient vivre aussi richement que n'importe quel aristocrate[1]. »

Judith éclipse par sa beauté ses deux sœurs. Elle compte de puissants protecteurs, notamment le duc de Morny, le frère adultérin de Napoléon III, « facile à ses penchants, indulgent à la conduite d'autrui et très accommodant sur les principes par la raison simple qu'il n'en avait point[2] ». Le bruit courut à l'époque que

1. Cora Pearl, *Mémoires d'une courtisane*, Paris, Acropole, 1985, p. 74.
2. Frédéric Lolié, *Le Duc de Morny et la Société du Second Empire*, Paris, Éd. Émile-Paul, 1928, p. 220.

Sarah était la fille naturelle de Morny. « Ce n'est pas vrai, précise l'actrice dans ses Mémoires, car lorsque je suis née, ma mère était extrêmement pauvre [assertion à nuancer] et elle n'avait pas rencontré le duc, une rencontre qui lui apporta la richesse plusieurs années plus tard. » Elle habite maintenant un luxueux appartement, possède ses propres équipages, tient un salon où se croisent les personnalités du moment, comme Alexandre Dumas, Rossini ou le baron Hippolyte Larrey, l'un des médecins ordinaires de l'empereur. Judith et quelques autres lionnes entrent brusquement en scène avec fracas et entendent donner le ton. Et quel ton ! Monde, demi-monde donnent le spectacle d'un étalage de luxe et d'une recherche constante de plaisir.

Du plaisir à perdre haleine
Oui, voilà la vie parisienne !

... chante-t-on dans les années 1855 sur un air d'Offenbach.

Entraînée dans un tel tourbillon, Judith n'a guère le temps de s'occuper de Sarah. Négligée par sa mère, la fillette dépérit. Elle souffre de l'absence d'affection, elle se croit – à juste titre – abandonnée. A-t-elle tenté de se suicider ou a-t-elle seulement cherché à attirer l'attention sur elle ? Toujours est-il qu'elle se jette du premier étage de l'appartement de la nourrice sur la capote de la voiture de sa tante Rosine venue lui rendre visite. Dans sa chute, elle se fracture une jambe et un bras et deux années seront nécessaires à sa complète guérison. Effrayée par ce geste de désespoir qui la rappelle à ses devoirs maternels, Judith prend Sarah avec elle. Rue de la Michodière, dans le grand appartement de sa mère, l'enfant vit en recluse le temps de sa convalescence. Ces deux années de sa vie ne lui laissent « qu'un souvenir confus de câlineries et de torpeurs ». Judith est de nouveau enceinte. Naîtra Jeanne, la demi-sœur de Sarah ; en 1855 viendra Régina.

Sarah vient juste d'avoir sept ans. Elle entre à l'école de Mme Fressard, au 18, rue Boileau, à Auteuil. Elle y reçoit les bases de l'instruction, telle du moins qu'on la conçoit alors pour les jeunes filles de bonne famille. « Je passai deux années dans cette pension, raconte-t-elle. J'appris à lire, à écrire, à compter. J'appris mille jeux que j'ignorais. J'appris à chanter des rondes, à broder des mouchoirs pour maman. Je me trouvais relativement heureuse, parce qu'on sortait le jeudi et le dimanche et que ces promenades me donnaient la sensation de la liberté. Le sol de la rue me semblait être autre que le sol du grand jardin de la pension. Puis, il y avait chez madame Fressard des petites solennités qui me jetaient toujours dans un ravissement fou. Parfois, mademoiselle Stella Colas, qui venait de débuter au Théâtre-Français, venait réciter des vers le jeudi. Je ne fermais pas les yeux de toute la nuit. Le matin, je me peignais avec soin et je me préparais, avec des battements de cœur, à entendre ce que je ne comprenais pas du tout, mais qui me laissait sous le charme. »

C'est à Auteuil, à l'occasion de la fête de la fin d'année, qu'elle fait ses débuts sur scène, dans le rôle de la reine des fées, mais elle rate complètement son entrée. Morte de peur, elle balbutie, mélange son texte, éclate en sanglots devant sa mère qui, au lieu de l'encourager par des paroles caressantes, laisse tomber : « Est-ce bien là ma fille ? » Heureusement, dans ses misères d'enfant, son père ne l'oublie pas. Mais Édouard ne se manifeste que de loin, par des mandats ou des recommandations sur son éducation. « Je ne souhaite pas que ma fille suive l'exemple de sa mère », écrit-il froidement à Judith. Sa volonté est de laisser à Sarah vingt mille francs si elle se marie avant l'âge de vingt ans. Sa position n'a rien pour surprendre, elle reflète l'opinion prédominante dans la société bourgeoise du XIXe siècle sur la condition des femmes. Hors du mariage, point de salut ! Tout au plus concède-t-on à celles qui restent célibataires l'activité de professeur ou de gouvernante dans une riche famille. Et encore, car comme le souligne Jules Michelet dans *La*

Femme, celles-ci s'exposent à une « infinité de chances scabreuses ».

Il est peu probable que Sarah, pour avoir en permanence sous les yeux l'exemple de sa mère et de ses tantes, respecte le vœu paternel. D'autant qu'en grandissant elle n'en fait qu'à sa tête, se révèle coléreuse et rebelle à toute forme d'autorité. À commencer par celle de Judith. Elle refuse de quitter l'institution de Mme Fressard, et, pour bien marquer son opposition, elle pique une telle colère qu'elle s'évanouit et attrape une fièvre cérébrale. Elle jette le désarroi dans la pension par ses éclats et sa désobéissance à tout propos. Les religieuses du couvent de Grandchamps à Versailles, où, à la demande de son père, elle reste pensionnaire pendant six ans, entre sa neuvième et sa quinzième année, n'oublieront pas de sitôt son passage. Elle n'y est cependant pas malheureuse. Bien au contraire, elle se sent protégée derrière les murs du couvent, et l'uniforme qu'on l'oblige à porter ravit son goût du déguisement qui prélude à sa passion pour les costumes de scène. Elle y est baptisée à douze ans, sous le prénom de Rosine, en même temps que ses deux sœurs, et huit jours après elle fait sa première communion. Elle plonge dans une sorte de mysticisme niais et déclare vouloir prendre le voile. Elle insiste beaucoup, dans ses Mémoires, sur sa vocation religieuse, qui est un curieux mélange de piété enfantine et de fascination pour un rituel tout imprégné d'ultramontanisme. « Il y avait eu, quelque temps auparavant, une prise de voile au couvent, et je ne pensais qu'à cela, écrit-elle. Cette cérémonie du baptême me conduisait vers mon rêve. Je me voyais déjà comme la sœur novice qui venait d'être admise religieuse. Je me voyais par terre, recouverte d'un pesant drap noir à la croix blanche, les quatre lourds flambeaux placés sur les quatre coins du drap. Et je formais le projet de mourir sous ce drap. Comment ? Je ne sais. Je ne songeais pas à me tuer, sachant que c'était un crime. Mais je mourrais ainsi. Et mon rêve galopant, je voyais l'effarement des sœurs, les cris des élèves ; et j'étais heureuse de tout l'émoi dont j'étais cause. »

Sarah reconnaît que cet appel de Dieu avait quelque chose de superficiel, qu'elle était attirée par les manifestations extérieures de la foi plutôt que par la foi elle-même. « Je n'ai jamais été vraiment religieuse, confesse-t-elle. C'était le charme et le mystère et par-dessus tout la tranquillité qui entourait la vie de la religieuse cloîtrée qui m'attiraient... » En même temps, son esprit d'indépendance la pousse à des actes inconsidérés. Par trois fois, elle est renvoyée du couvent. La première fois, pour avoir entraîné ses camarades à faire le mur au moyen de draps noués en corde ; la deuxième, pour avoir grimpé sur un toit et singé les bénédictions de monseigneur Gros, l'évêque de Versailles, après la visite du prélat ; la troisième, pour avoir escaladé un mur et dérobé le shako d'un soldat. Cette fois, la coupe est pleine. Les religieuses l'excluent définitivement et la renvoient à sa mère.

Sarah ne s'assagit pas pour autant. À quinze ans, elle est une adolescente espiègle, effrontée. Elle refuse de s'habiller ou de se coiffer comme sa mère le lui suggère, elle rejette les demandes en mariage des jeunes gens que Judith lui présente, elle refuse même de se rendre au théâtre. Ce refus-là sera de courte durée. Bientôt, elle ne rêve plus que d'être actrice. Sa première soirée à la Comédie-Française, en effet, l'a transportée dans la même extase que celle déjà vécue au couvent. Dès lors, elle harcèle sa mère pour obtenir des places. Le duc de Morny lui en procure autant qu'elle veut, elle voit la même pièce douze fois de suite et apprend par cœur les rôles. « Quand le rideau se leva, lentement, je crus que j'allais m'évanouir. C'était en effet le rideau de ma vie qui se levait. Ces colonnes – on jouait *Britannicus* – seraient mes palais. Ces frises d'air seraient mes ciels. Et ces planches devaient fléchir sous mon poids frêle. » Désormais, elle n'a plus aucun doute sur sa vocation : elle troquera le voile contre la tunique de Phèdre.

En 1850, Judith et ses filles emménagent au 265, rue Saint-Honoré. Sarah habite désormais à deux pas de la Comédie-Française. Elle rôde souvent du côté de l'entrée des artistes, quelques comédiens l'invitent parfois à assister aux répétitions. L'univers du théâtre s'est complètement immiscé dans sa vie. Elle trouve en Mme Guérard, une amie de sa mère, la confidente qui lui a toujours manqué. « Mon p'tit dame », c'est ainsi que Sarah la surnomme, restera à son service lorsqu'elle sera devenue riche et célèbre. Une vieille et douce préceptrice, Mlle de Brabender, achève son instruction interrompue par son renvoi de Grandchamps. Dans le même temps, elle apprend la peinture – sa deuxième vocation – dans une école d'art.

Elle a hérité de Judith sa magnifique chevelure rousse et frisée qu'Alexandre Dumas interprétera comme le signe « d'une nature de révoltée ». Elle attire les regards, mais elle semble indifférente à séduire les cœurs. Peut-être parce que l'appartement maternel ne désemplit pas de messieurs, qu'elle n'ignore rien du commerce qui s'y trame. Peut-être aussi parce qu'elle est trop attachée à son indépendance pour se laisser entretenir par qui que ce soit, et que, dans ce domaine, elle n'est pas près de prendre exemple sur sa mère. Toujours est-il qu'elle ne court pas après les hommes. « Avant vingt ans, confie-t-elle à son amie Thérèse Berton[1], je ne m'intéressais pas aux hommes. J'étais, paraît-il, une beauté et les hommes avaient l'habitude de s'agenouiller à mes pieds et juraient de se jeter dans la Seine si je leur refusais ma main… Je haïssais presque tous ces hommes, à l'exception du duc de Morny. » Celui-ci figure parmi les protecteurs de Judith et il aura une influence prépondérante sur la vie de la comédienne. Il finance largement son éducation – notamment les cours de peinture ; il décèle en elle des talents artistiques et il use de sa position pour la faire admettre

1. Épouse de Pierre Berton, l'un des amants de Sarah. Comédienne, Thérèse Berton participe à plusieurs tournées de Sarah. Ses souvenirs, réunis par Basil Woon, ont paru en 1924, en anglais, sous le titre aguicheur de *The Real Sarah Bernhardt whom her audiences never knew*.

au Conservatoire impérial de musique et de déclamation. Il l'a entendue réciter des vers, il a été séduit par le son de sa voix, cette intonation si particulière qui la sacrera reine dans l'art de la déclamation, il convainc Judith que sa fille est destinée au théâtre et il s'entremet pour lui en ouvrir grandes les portes. Le duc présente Sarah à Auber[1], le directeur du Conservatoire, qui doit déployer force arguments pour persuader l'adolescente, rétive à toute forme de contrainte – y compris le mariage qui lui aurait permis d'acquérir la respectabilité sociale –, de se présenter au concours d'entrée. « Allons, courage, ma fillette, lui dit le vieux musicien, vous remercierez votre mère de vous avoir forcé la main. Ne prenez pas cet air triste. La vie vaut la peine qu'on y entre sérieusement mais gaiement. »

À dix-sept ans, une nouvelle vie commence pour Sarah. Morny a forcé son inscription au Conservatoire, mais encore doit-elle passer les épreuves d'admission. Or, elle ne dispose que de neuf semaines pour préparer le concours. Avec l'aide de son institutrice, elle lit Molière et Racine, travaille sa diction et apprend le rôle d'Agnès dans *L'École des femmes*. Comme un jeune pianiste, elle fait ses gammes. Les exercices de prononciation auxquels elle se livre rappellent, du moins dans le récit qu'elle en fait, une scène célèbre du *Bourgeois gentilhomme*.

« Monsieur Meydieu, notre vieil ami, voulut me faire travailler Chimène dans *Le Cid* ; mais auparavant, il déclara que je serrais trop les dents, ce qui était vrai, que je n'ouvrais pas assez les *o* et que je ne vibrais pas assez les *r*, et il me fit un petit cahier dont je copie exactement le contenu…

« Tous les matins pendant une heure, sur les *do, ré, mi*, faire l'exercice : *te, de, de* pour arriver à vibrer.

« Avant le déjeuner, dire quarante fois : *Un-très-gros-rat-dans-un-très-gros-trou…*, pour ouvrir les *r*.

1. Esprit Auber (1782-1871). Compositeur français, l'un des derniers grands représentants de l'opéra-comique, il succède à Cherubini en 1841 à la direction du Conservatoire. Son opéra *La Muette de Portici* (1828) l'a rendu célèbre.

« Avant dîner, quarante fois : *Combien ces six saucisses-ci ? – C'est six sous ces six saucisses-ci ! – Six sous ces six saucisses-ci ! Six sous ceux-là ! Six sous ces six saucissons-ci !...* pour apprendre à ne pas siffler les *s*.

« Le soir en se couchant, vingt fois : *Didon dîna, dit-on, du dos d'un dodu dindon...*, et vingt fois : *Le plus petit papa, petit pipi, petit popo, petit pupu...* Ouvrir la bouche en carré pour les *d* et la fermer en cul de poule pour les *p*. »

Le jour de l'examen approche. Sarah, dans sa robe de soie noire achetée pour la circonstance, paralysée par le trac, attend dans le couloir qu'on appelle son nom. Quand vient son tour, elle entre dans la salle où se tient le jury, monte sur l'estrade, regarde, impressionnée, le président, Esprit Auber, et fait sa révérence. Comme elle n'a pas trouvé de partenaire pour lui donner la réplique, elle récite *Les Deux Pigeons* de La Fontaine. Laissons-la maintenant nous raconter la suite de cette épreuve, où l'on n'épargnait pas les candidats.

« Deux pigeons s'aimaient d'amour tendre.
L'un d'eux s'ennuyant au...

« Un grognement sourd se fit entendre et un ventriloque bourdonna : "On n'est pas à la classe ici. En voilà une idée de réciter des fables..." C'était Beauvallet[1], le tragédien tonitruant de la Comédie-Française. Je m'arrêtai le cœur battant. "Continuez, mon enfant", dit un homme à la chevelure d'argent : c'était Provost[2]. "Oui, ce sera moins long qu'une scène", s'exclama Augustine Brohan[3], la seule femme présente.

1. Pierre-François Beauvallet (1802-1871). Acteur français, il entre à la Comédie-Française en 1830 et en sera sociétaire de 1832 à 1864. Après sa retraite du Français, il est nommé professeur d'art dramatique au Conservatoire.
2. Jean-Baptiste Provost (1798-1865). Acteur français, professeur au Conservatoire, il eut Rachel comme élève.
3. Augustine Brohan (1824-1893). Elle débute avec éclat à la Comédie-Française en 1841 et y reste jusqu'à sa retraite en 1868. Elle succède à Rachel comme professeur au Conservatoire.

« Je repris :

« Deux pigeons s'aimaient d'amour tendre.
L'un d'eux s'ennuyant au logis
Fut assez…

« “Plus haut, mon enfant, plus haut”, dit avec bienveillance un petit homme aux cheveux blancs tout frisés : c'était Samson[1].

« Je m'arrêtai interdite, affolée, prise d'un énervement fou, prête à crier, à hurler ; ce que voyant, monsieur Samson me dit : “Voyons, nous ne sommes pas des ogres.” Il venait de causer tout bas avec Auber. “Allons, recommencez, et plus haut. “Ah ! Non, s'écria Augustine Brohan, si elle recommence, ce sera plus long qu'une scène !”»

« Cette boutade fit rire toute la tablée. Pendant ce temps, je repris conscience de moi-même.

« Je trouvais ces gens méchants, de rire devant ce pauvre petit être tremblant qui leur était livré pieds et poings liés.

« Je me sentais, sans le définir, un léger mépris pour ce tribunal impitoyable. J'ai bien souvent, depuis, pensé à cette épreuve, et je me suis rendu compte que des êtres bons, intelligents, pitoyables, deviennent inférieurs lorsqu'ils sont groupés… Ayant repris possession de ma volonté, je recommençai ma fable sans vouloir m'inquiéter de ce qui se passerait.

« Ma voix s'était mouillée dans l'émotion. Le désir de me faire entendre faisait chanter mon timbre. Le silence s'était fait.

« Avant la fin de la fable, la clochette tinta. Je saluai, et descendis les quelques gradins, brisée de fatigue.

« Monsieur Auber m'arrêta au passage : “Eh bien, ma fillette, c'est très bien cela. Voilà monsieur Provost et

1. Joseph-Isidore Samson (1793-1871). Entré au Théâtre-Français en 1826, sociétaire en 1827, il est aussi auteur dramatique, mais c'est surtout comme professeur au Conservatoire – il aura Rachel dans sa classe – qu'il se fait reconnaître pour la qualité de son enseignement.

monsieur Beauvallet qui veulent vous avoir dans leur classe." »

Sarah a réussi l'épreuve, elle a séduit le jury par sa « voix d'or », elle est admise au Conservatoire, où elle aura Provost, Samson et Régnier[1] comme professeurs. « C'était ma carrière qui prenait possession de moi sans que je m'en doutasse, dira-t-elle. L'évolution se fit en moi à partir de ce jour. Je fus encore assez longtemps avec mon âme enfantine ; mais mon cerveau perçut plus nettement la vie. Je sentais le besoin de me créer une personnalité. Ce fut le premier réveil de ma volonté. Être quelqu'un, je voulus cela... »

Elle apprécie ses maîtres, Régnier qui enseigne à dire « vrai » ou Provost qui, au contraire, enseigne la diction un peu pompeuse mais soutenue. Celui-ci préconise surtout la largeur du geste et de l'inflexion. Elle déteste, en revanche, les leçons de Beauvallet, qu'elle juge maladroit de gestes et dont la tête ne lui revient pas. Mais il faut bien le reconnaître, et elle le reconnaît volontiers, c'est dans la variété des enseignements dispensés au Conservatoire que s'apprend le métier de comédien. « Provost indiquait large. Samson indiquait juste, et se préoccupait surtout des finales. Il n'admettait pas qu'on laissât tomber les phrases. » Elle apprend également à manier le fleuret et elle suit les cours de maintien « d'un vieux beau, frisé, fardé et jaboté de dentelles ». Il enseigne à ses élèves à sortir de scène avec nonchalance, dignité ou fureur selon les besoins du rôle. « Tout, disait-il, est dans le regard, le geste, l'attitude. » Elle juge les classes de maintien, qui seront bientôt supprimées, peu utiles, car chacun, et c'est une évidence, se meut selon sa taille et ses proportions. « Le geste, affirme-t-elle, doit peindre la pensée ; il est harmonieux ou bête selon que l'artiste est intelligent ou nul. »

---

1. François-Joseph Régnier de La Brière (1807-1885). Il débute au Théâtre-Français en 1831 dans *Le Mariage de Figaro*. Sociétaire en 1834, il tient aux côtés de Samson les premiers rôles comiques du répertoire. Il est nommé professeur au Conservatoire en 1854 et prend sa retraite du Français en 1872.

Au concours de fin d'année, elle ne décroche qu'un deuxième prix de tragédie et, l'année suivante, un deuxième prix de comédie. Rien qui indique un talent exceptionnel. Sans l'intervention de Morny auprès de Camille Doucet[1], le directeur des Beaux-Arts, elle n'aurait probablement pas été engagée à la Comédie-Française.

Le 11 septembre 1862, Sarah fait ses débuts au Français dans *Iphigénie*. Ils ne se distinguent pas par leur éclat. Francisque Sarcey[2], l'un des plus féroces critiques de la capitale, présent dans la salle ce soir-là, subjugué par sa beauté, restera néanmoins réservé sur la promesse de son talent. « Mademoiselle Bernhardt, écrit-il au lendemain de la représentation dans les colonnes de *L'Opinion nationale*, est une grande et jolie jeune personne, d'une taille élancée et d'une physionomie fort agréable ; le haut du visage surtout est remarquablement beau. Elle se tient bien et prononce avec une netteté parfaite. C'est tout ce qu'on peut en dire en ce moment. » Son confrère James Berbier, s'il lui reconnaît « une jolie voix et un visage agréable », lui dénie toute présence sur scène et lui trouve… « un corps laid » ! Abattue par des jugements aussi sévères, Sarah tente de s'empoisonner en avalant une bouteille d'encre rouge, un geste de désespoir qui la conduit directement aux urgences de l'hôpital.

Ses lubies et ses colères la font davantage remarquer que ses réelles prédispositions pour la scène. Elle se rend insupportable et un incident tragicomique provoque son renvoi. À l'occasion d'une commémoration en l'honneur de Molière à laquelle participent les comédiens du Français, Régina, la sœur cadette de Sarah, qui traîne en cou-

1. Charles-Camille Doucet (1812-1895). Auteur dramatique, élu à l'Académie française en 1865 (il en devient le secrétaire perpétuel en 1876), il est nommé en 1863 directeur de l'administration des théâtres au ministère de la Maison de l'Empereur.
2. Francisque Sarcey (1828-1899). Journaliste et critique dans plusieurs journaux, il est l'auteur de notices biographiques intitulées *Comédiens et comédiennes*.

lisses, marche malencontreusement sur le manteau de mademoiselle Nathalie[1], une honorable sociétaire. La dame, fort irritée, pousse la gamine qui tombe et se blesse à la lèvre. Aussitôt Sarah bondit sur mademoiselle Nathalie, la soufflette prestement en la traitant de « grosse dinde » ou de « méchante bête », selon les versions. Pour éviter un esclandre, Édouard Thierry[2], l'administrateur, s'interpose entre les deux femmes. Il exige que Sarah présente à mademoiselle Nathalie des excuses publiques. Elle refuse, le prend de haut et lui rétorque : « Je ne lui demanderai pas pardon. Je la giflerai encore. » Elle est congédiée sur-le-champ.

Les trois années suivantes sont pour elle trois années de grandes difficultés. Elle décroche de petits rôles dans des comédies de boulevard, mais rien de bien remarquable. Elle disparaît quelque temps en Belgique puis transporte son désœuvrement en Espagne. À son retour, elle quitte définitivement le domicile maternel. Excédée par ses excentricités, Judith l'émancipe. Elle a dix-huit ans. Avec la dot de cent mille francs que lui a laissée son père, elle loue un petit logement rue Duphot, près de la Madeleine. Mais le théâtre refuse toujours obstinément de lui ouvrir ses portes. Sans contrat et sans perspective du moindre engagement, il ne lui reste plus qu'à suivre l'exemple de sa mère. Les recommandations d'Édouard n'auront finalement servi à rien. Sarah emprunte la même pente glissante que Judith. Elle peut, elle aussi, monnayer, à défaut d'un talent qui peine à s'affirmer, les charmes dont la nature l'a comblée. Dans les salons et les cafés, elle promène sa beauté peu farouche en quête de riches amateurs. Ses premières photographies faites

1. Zaïre Martel, dite mademoiselle Nathalie (1816-1885). Actrice française, elle débute en 1849 à la Comédie-Française et en devient sociétaire en 1852 ; elle s'est spécialisée dans les rôles de grandes coquettes, puis de mères.

2. Littérateur français, né en 1813, Édouard Thierry se lance dans la critique dramatique en 1836 avant d'être nommé bibliothécaire à l'Arsenal. En octobre 1859, il est désigné comme administrateur de la Comédie-Française, poste qu'il conservera jusqu'en 1871, année de sa démission.

par Nadar, dont l'atelier est un lieu de rendez-vous pour les artistes, datent de cette période. Sarah a des amours, des amants. Son attitude à l'égard des hommes a bien changé. Croyante (l'empreinte du couvent) mais sans moralité (l'exemple maternel), elle ne manifeste aucune honte à se livrer à un tel commerce. Elle ne se prive même pas d'être amoureuse. Le 22 décembre 1864, elle donne naissance à Maurice, son unique enfant. On dira plus tard que le père du garçon est le prince belge Henri de Ligne, appartenant à l'une des premières familles du royaume, qu'elle a connu à Bruxelles et dont elle s'est entichée. La maternité lui redonne courage. « Quand mon fils est né, dit-elle, j'avais pour toute fortune deux cents francs et des dettes un peu partout. Ma mère était malade. J'avais honte de me tourner vers mes amis comme le duc de Morny qui aurait été trop heureux de m'aider. » Dédaignée par Ligne, cet homme qui prétendait l'aimer, elle veut prendre une revanche sur la vie et sur les hommes.

Son ambition et sa ténacité lui servent désormais d'aiguillon. Elle part en quête de nouveaux rôles. Elle se fait engager au théâtre du Gymnase, à la Porte-Saint-Martin, et au Vaudeville. Elle travaille avec acharnement et fort tard dans la nuit, elle arrive la première aux répétitions. Poussée par la nécessité et par l'orgueil, elle devient une vraie professionnelle, même si elle n'a pas encore trouvé son répertoire. À George Sand, elle confie : « Plutôt mourir que de ne pas devenir la plus grande actrice du monde ! » Le comte Robert de Montesquieu[1] – il évoque ce souvenir dans ses Mémoires – découvre pour la première fois Sarah en 1866 dans une charmante féerie intitulée *La Biche au bois*. Elle y incarne la princesse Désirée, « prestigieuse réincarnation de cette Cendrillon annoncée sur l'affiche, avec des cheveux châtains naturellement ondulés, une grâce maigre, un profil légèrement ovin ». Ce rôle lui vaut sa

1. Robert, comte de Montesquiou-Fezensac (1855-1921), écrivain. Son raffinement souvent précieux, mêlé de bizarrerie, donne à son œuvre un ton particulier.

première critique élogieuse. La liaison qu'elle entretient alors avec le comédien Pierre Berton[1], qui fera partie plus tard de sa troupe, la met en relation avec Félix Duquesnel[2], l'associé de Charles-Marie de Chilly[3], le directeur du théâtre impérial de l'Odéon. Prise à l'essai dans des comédies, elle déçoit dans un registre qui visiblement n'est pas le sien. « Je débutai [...] dans *Le Jeu de l'amour et du hasard*. Je n'étais pas faite pour Marivaux, qui exige des qualités de coquetterie, de préciosité, qui n'étaient pas alors et ne sont pas les miennes. Puis, j'étais un peu trop mince. Je n'eus aucun succès. » Elle ne se décourage pas pour autant. Elle continue à travailler sa mémoire et sa voix, elle apprend tous les rôles, se tient toujours prête à remplacer quiconque au pied levé.

Elle rencontre enfin son public auprès des étudiants du Quartier latin qui fréquentent l'Odéon. Ce théâtre est déjà le plus fameux de la rive gauche de Paris, là où se pressent les intellectuels et les artistes. Elle y reste six ans, de 1866 à 1872. Elle y connaît ses premiers vrais succès, elle se lie d'amitié avec les auteurs dramatiques qu'elle interprète : Alexandre Dumas, George Sand, François Coppée, Gustave Flaubert, Victor Hugo. Le 18 février 1868[4], elle triomphe dans *Kean* de Dumas père, qui trouve à cet échalas « une tête de vierge et un corps de balai ». Au milieu d'un public houleux qui conspue Dumas, les étudiants, tombés sous le charme

1. Pierre Berton (1842-1912). Acteur et auteur dramatique, il appartient, comme son père Charles-Francisque, au théâtre du Gymnase et s'est longtemps produit dans des rôles de jeune premier.

2. Journaliste et critique d'art, Félix Duquesnel succède à Chilly en 1872 à la direction de l'Odéon, poste qu'il occupera jusqu'en 1880. Il restaurera le théâtre, réaménagera l'intérieur et inaugurera les matinées classiques du dimanche.

3. Charles-Marie de Chilly (1807-1872). Acteur français, il débute à l'Odéon en 1831, dirige d'abord le théâtre de l'Ambigu-Comique avant de prendre, en 1866, la direction de l'Odéon qu'il conserve jusqu'à sa mort.

4. En février 1868, la direction du théâtre de l'Odéon remplace *Ruy Blas* de Victor Hugo, pourtant programmé, par la pièce de Dumas. Les étudiants protestent et décident de livrer bataille.

de sa voix, montent sur la scène pour embrasser Sarah. Est-ce sa jeunesse, son talent naissant ? Toujours est-il qu'elle devient leur coqueluche. George Sand, qui a adapté pour la scène plusieurs de ses romans, la fait jouer dans *François le Champi, Le Marquis de Villemer* et *L'Autre*. La romancière apprécie le jeu de l'actrice, qu'elle appelle en public sa « petite madone », mais dans les pages de son Journal elle se montre bien plus sévère envers elle. Pour la « bonne dame de Nohant », qui avec l'âge s'est rangée et cultive un bon sens paysan, Sarah est une fille « toquée » et « bête », une « grue prostituée ». Il est pourtant intéressant de rapprocher la personnalité de ces deux femmes, dont les destins se croisent dans les années 1870, l'une au début de sa carrière théâtrale, l'autre au sommet de la gloire littéraire. Toutes deux se sont rebellées dès l'enfance contre un certain ordre moral établi ; elles ont été l'une et l'autre animées dans leur adolescence d'un sentiment mystique et ont voulu entrer au couvent ; chacune a eu un fils prénommé Maurice, qu'elles ont élevé seules (George Sand aura en plus une fille, Solange) ; peu influençables, elles ont tracé leur chemin en fonction de leurs intuitions, de leur volonté et de leurs désirs, indifférentes aux pressions et aux jugements de la société.

Dans la vie de Sarah, l'année 1869 est à marquer d'une pierre blanche. Cette année-là, en effet, elle connaît son deuxième grand succès dans *Le Passant*, une courte pièce du poète François Coppée. Elle joue le rôle du page Zanetto et donne la réplique à mademoiselle Agar[1], une talentueuse comédienne dont elle saura se faire une amie. Unanimement, la presse et le public

1. Florence-Léonide Charvin, dite mademoiselle Agar. Née en 1836, elle débute à l'Odéon en 1861 et crée, en 1869, le rôle de Sylvia dans *Le Passant*. Engagée peu après à la Comédie-Française, elle est sollicitée pour réciter *La Marseillaise*, en juillet 1870, à la suite d'une représentation du *Lion amoureux*. Elle la chanta en *ut*, ainsi que Rachel l'avait fait en 1848. À l'invitation expresse d'Édouard Thierry, elle dit des vers dans un concert organisé en mai 1871 au profit des blessés de la garde nationale fédérée.

s'enthousiasment pour son interprétation. « Avec quel charme délicat et tendre n'a-t-elle pas dit ces vers délicieux ! Cette première représentation n'a été d'un bout à l'autre qu'un triomphe », écrit alors Francisque Sarcey. Sarah donne plus de cent quarante représentations. « J'étais devenue la reine adorée des étudiants, reconnut-elle. Je recevais des petits bouquets de violettes, des sonnets, des poèmes longs, longs... trop longs pour les lire. Parfois, quand j'arrivais au théâtre, je recevais une pluie de fleurs qui m'inondait, et j'étais joyeuse, et je remerciais mes jeunes adorateurs. Seulement, ils poussaient l'admiration jusqu'à l'aveuglement ; et quand, dans une pièce quelconque, j'étais moitié bien et que le public semblait plus réservé, ma petite armée d'étudiants se révoltait et applaudissait à tout rompre, sans rime ni raison, ce qui énervait (et je le comprends) les vieux abonnés de l'Odéon, lesquels étaient bienveillants pour moi et me gâtaient aussi, mais auraient voulu que je fusse humble, plus douce, moins révoltée. » Elle est même priée de venir se produire aux Tuileries devant la cour et le couple impérial. Elle se souviendra longtemps de l'accueil familier de l'empereur qui l'embrasse sur les deux joues, de l'impératrice dont elle trouve que la voix rauque et dure gâche tout le charme, de la gentillesse du prince impérial – il a alors douze ans –, tout heureux de discuter avec elle et de lui montrer les dessins de son costume de page pour le prochain bal masqué.

Elle continue de mener une vie galante et de courir après l'argent. Elle a, il faut le dire, d'impérieux besoins pécuniaires. Elle doit payer la nourrice de son fils et entretenir, outre sa sœur Régina, sa grand-mère maternelle, une vieille femme aveugle. Elle a déménagé et habite maintenant un bel appartement au 16 de la rue Auber qu'elle quitte en 1869 après qu'un incendie a tout dévasté. « Je me trouvais ruinée du jour au lendemain, car, avec ce que m'avaient laissé mon père et ma grand-mère paternelle, j'avais acheté des meubles, des bibelots et mille jolies choses inutiles qui faisaient la joie de ma vie. » Ses amis se mobilisent pour lui venir en aide. Adelina Patti[1], la cantatrice, donne, à l'Odéon, un récital à son bénéfice. La recette de la soirée lui permet de rembourser une partie de ses dettes. Elle trouve alors à se reloger rue de Rome, dans un appartement que le soleil inonde de lumière.

Elle fait la connaissance de Charles Haas[2], le modèle de Marcel Proust pour Swann, l'un des hommes les plus séduisants de la société parisienne, israélite, de douze ans son aîné et dont elle tombe éperdument amoureuse. Il l'introduit dans les salons du faubourg Saint-Germain. Elle s'épuise en mondanités, comme si elle ne pouvait s'empêcher de demeurer en perpétuelle représentation. Continuellement surmenée, elle tombe malade. Elle crache le sang, ses proches craignent qu'elle ne devienne phtisique, comme sa sœur Régina. C'est probablement à cette époque que se développe chez elle une certaine morbidité. Très jeune, la mort la fascinait déjà. Les enterrements l'attirent, elle se rend souvent à la morgue pour contempler les rangées de cadavres allongés sur les tables de marbre. On raconte même qu'après son admission à la Comédie-Française elle aurait eu une liaison avec l'assistant d'un entrepreneur de pompes funèbres ! Elle se complaît à décrire la robe dans laquelle elle souhaite être enterrée, « toute blanche, avec une bordure pourpre et une guirlande de lis jaunes brodés ». De même, on aperçoit nettement à son cou, sur l'une des photographies la représentant à seize ou dix-sept ans, un pendentif en forme de tête de mort. La disparition de sa petite sœur Régina et, plus tard, celle de Jeanne l'entretiendront dans ce goût du macabre. Il s'exprime dans ses tableaux, dans son ameublement, notamment avec ce

1. Adelina Patti (1843-1919). Cantatrice italienne, soprano léger, elle étudie le chant à New York et triomphe sur toutes les scènes d'Amérique et d'Europe.
2. Charles Haas (1852-1902). Brillant dandy, familier de la cour impériale, il est, dans les années 1890, l'une des figures les plus marquantes de la société du faubourg Saint-Germain.

cercueil, placé au centre de sa chambre et dans lequel elle prend un réel plaisir à s'étendre. Jusqu'à ses facéties qui ont quelque chose de morbide. À l'Odéon, après une querelle avec Chilly, décidée à lui jouer un tour, elle met en scène sa propre mort. Les comédiens la découvrent, un soir, allongée inanimée sur le canapé de sa loge, entourée de cierges allumés. On annonce au public que mademoiselle Sarah Bernhardt n'est pas en mesure d'assurer la représentation. Un médecin est mandé d'urgence. Il est à peine arrivé qu'elle se lève en riant aux éclats. Comme on peut le constater, il est difficile de séparer, chez Sarah, le jeu du réel. Il en sera ainsi toute sa vie. Ce face-à-face constant avec la mort l'entretient dans des sentiments ambigus et s'exprime par des manifestations ostentatoires sur lesquelles nous aurons l'occasion de revenir.

La guerre franco-prussienne de 1870, l'avènement de la République en pleine débâcle, le siège de Paris puis la Commune suspendent son ascension sur les planches. Dans ces événements dramatiques, elle va faire montre d'un courage et d'un patriotisme exemplaires. Durant deux années, elle se dévoue à la cause des soldats et des blessés. Elle crée en août 1870, dès les premières semaines de la guerre, à la demande du général Cousin-Montauban, comte de Palikao, éphémère chef du dernier gouvernement de l'empereur, un Comité des artistes afin de ranimer la flamme de la victoire au sein d'une population gagnée par l'esprit de défaite. Et tant que les théâtres restent ouverts, elle interprète *La Marseillaise* avant chaque représentation. Après la capitulation de Sedan, le 2 septembre 1870, et la proclamation de la République, le 4 septembre, tandis que l'armée allemande se prépare à assiéger la capitale, elle installe une ambulance dans les murs de l'Odéon. Elle passe avec succès son brevet d'infirmière, recrute des aides bénévoles parmi les actrices, soigne les blessés, obtient des vivres et du matériel médical grâce à l'appui de Jules Favre, le ministre des Affaires étrangères, ou du comte de Kératry, le préfet de police. Les hommes forts du nouveau régime sont du cercle de ses amis; on lui prête même une liaison avec Gambetta qui lui présente Émile de Girardin. Alors que dans Paris la pénurie alimentaire rive la faim au ventre du peuple, à l'Odéon, chez Sarah, les blessés ne manquent de rien. « La Bernhardt » devient un mot de passe parmi les combattants qui rendent ainsi hommage à son dévouement. Fière à juste titre de ce qu'elle a accompli, elle s'attarde sur les heures noires de la guerre et du siège dans *Ma double vie*. « Ce n'était plus la patrie en danger qui me tenait les nerfs en éveil, mais la souffrance de tous ses enfants. Ceux qui se battaient là-bas, ceux qu'on nous apportait fracassés et mourants, ces nobles femmes du peuple qui faisaient la queue des heures pour recevoir le morceau de pain, de viande... Je les voyais des fenêtres du théâtre. Je les voyais se serrer les unes contre les autres, bleuies par le froid, car cet hiver fut le plus cruel qu'on eut à subir dans une période de vingt ans. »

Le conflit de 1870, le siège et les atrocités de la Commune de Paris (commises de part et d'autre) la meurtrissent profondément, comme, du reste, la plupart de ses contemporains. Elle en retire une rancune farouche contre l'Allemagne, une hargne revancharde qui fait songer à Juliette Adam, au point qu'elle refuse pendant longtemps tout projet de tournée outre-Rhin. Dix ans après la fin de la guerre, lors d'un souper à Copenhague, en présence de l'ambassadeur de Prusse qui propose de porter un toast à la France en son honneur, elle s'attire les foudres diplomatiques en déclarant: « Soit, buvons à la France, mais à la France tout entière, monsieur le ministre de Prusse! »

Dans une France défaite et amputée de ses provinces de l'Est, la vie reprend progressivement un rythme normal. L'Odéon rouvre ses portes. Le nom de Sarah est sur toutes les lèvres. La renommée de ses exploits vient s'ajouter à ses précédents succès de scène. Elle entend désormais imposer ses choix. Après une assez médiocre prestation dans *Mademoiselle Aïssé*, une pièce de Louis

Bouilhet[1] montée par Gustave Flaubert, l'ami de l'auteur récemment décédé, elle exige de jouer *Ruy Blas* de Victor Hugo. Dans les années 1870, le vieux poète fait figure de monument national pour avoir incarné pendant dix-huit ans l'esprit de résistance à l'Empire. Sarah rêve depuis longtemps de jouer dans *Ruy Blas*. Son souhait tombe à pic car Hugo, qui l'a vue dans *Le Passant*, la trouve « tout indiquée » pour incarner la reine. « Hier, lui écrit-il, je vous ai été présenté, tremblant que vous ne puissiez accéder à ma requête et jouer dans mon *Ruy Blas*, mais j'étais sans voix en présence de votre beauté et de votre charité. Moi qui suis un homme de paroles, j'étais muet. » Qui mieux que Sarah peut tenir le rôle de la reine ? Elle a vingt-cinq ans et son talent explose littéralement. Ses inconditionnels sont désormais légion et elle-même, grisée par la célébrité, commence à jouer les vedettes. Impressionnée par la haute stature de l'écrivain, elle garde cependant devant lui toute son insolence. À une demande un peu trop péremptoire à son goût du poète, elle rétorque : « Je ne suis pas votre valet ! »

La première de *Ruy Blas* a lieu le 16 janvier 1872. Elle marque un tournant dans la carrière de Sarah. C'est un succès sans précédent. Elle *est* la reine « au diadème de dentelle d'argent » ; le rideau se relève mille fois aux rappels du public. Dehors, à la sortie du théâtre, les étudiants ont dételé les chevaux de sa voiture pour la tirer eux-mêmes jusqu'à son domicile, comme le triomphateur romain. Sarcey, subjugué par la longue caresse des intonations fines et pénétrantes de sa voix, écrit le lendemain de cette mémorable représentation : « Elle n'a fait qu'ajouter la musique de sa voix à la musique des vers. » Et Hugo, éperdu d'admiration et de reconnaissance, s'agenouille devant sa reine en murmurant : « Merci, merci. »

---

1. Louis Bouilhet (1822-1869). Homme de lettres et ami d'enfance de Gustave Flaubert qui se démène beaucoup, après sa mort, pour faire éditer son œuvre littéraire et pour qu'on lui érige un monument commémoratif à Rouen.

Après ses années d'apprentissage, qui ont dû lui paraître fort longues et au cours desquelles elle a tout connu du délaissement, des difficultés morales et matérielles, des échecs à répétition, la voilà désormais prête à s'élancer dans une carrière prestigieuse, à devenir une divine, un monstre sacré, prête aussi à donner libre cours à toutes les audaces, à toutes les fantaisies.

CHAPITRE II

Notre-Dame du théâtre

Entre 1872, année de ses vrais débuts au Français, et 1900, apogée de sa gloire avec *L'Aiglon*, les dons artistiques de Sarah Bernhardt s'épanouissent pleinement. Elle touche à tous les domaines (ou presque) et réussit à imposer son nom comme artiste complète : peinture, sculpture, écriture et bien évidemment, en premier lieu, sa carrière dramatique.

On l'a vu confinée dans des rôles secondaires et des registres qui la maintenaient dans des contre-emplois, on l'a vue qui se cherchait. On se rappelle comment à force de ténacité, de travail, ayant enfin trouvé sa voie, elle perce soudain, conquiert un public parmi les étudiants du Quartier latin, emporte finalement l'adhésion de Francisque Sarcey qui reconnaît son talent, s'enthousiasme pour elle et la lance.

On se souvient aussi de l'incident tragicomique qui a provoqué son renvoi de la Comédie-Française en 1863, un an à peine après y avoir été admise, alors qu'elle n'est qu'une jeune débutante que rien sur les planches ne distingue vraiment, hormis ses protections, de la plupart de ses camarades. Dix ans plus tard, elle revient au Français, mais cette fois avec les honneurs, sans rien devoir à personne sinon à son propre mérite. Elle a rompu le contrat qui la liait à l'Odéon et versé au théâtre un dédit de six mille francs. C'est en quelque sorte le prix du péage pour traverser la Seine et passer de la rive gauche à la rive droite. Sarcey a négocié son retour chez Molière. Il a même obtenu pour elle du nouvel administrateur, Perrin[1], des appointements annuels de douze mille francs, soit dix fois plus que ce qu'elle avait reçu à ses débuts. L'argent désormais pleut sur elle comme s'il tombait des cintres. L'époque n'est pourtant pas si lointaine où elle acceptait de jouer pour quelques sous, où les portes se fermaient devant elle plus souvent qu'on ne lui proposait des engagements. Elle n'a pas oublié non plus que, parmi les premières critiques plutôt élogieuses, s'élevait régulièrement la voix discordante d'un certain Sarcey, qui ne mâchait pas ses mots pour souligner les insuffisances de ses interprétations, ce qui, à chaque fois qu'elle lisait ses papiers, la mettait dans une rage folle. Sarcey semblait prendre un malin plaisir à s'acharner sur elle. Elle s'est demandé ce qui lui valait une telle inimitié jusqu'à ce qu'elle se rappelle qu'elle avait un jour traité ce monsieur de « porc de salon », sans savoir à qui elle s'adressait. Elle a compris qu'elle ne pourrait jamais rien espérer tant qu'il continuerait à la démolir. Alors, elle a cherché à le circonvenir. Elle a déployé toutes les ressources de son charme pour le séduire. Et y a réussi superbement. Dès lors qu'elle devint sa maîtresse – il lui fallait sans doute en passer par là –, Sarah n'eut plus à se plaindre de Sarcey ; pendant un temps du moins, il fut du nombre de ses plus ardents admirateurs.

Cependant, le retour de Sarah est loin de faire l'unanimité parmi les sociétaires. La Comédie-Française est par excellence un lieu de tradition et de bonne tenue. À quelques exceptions près, l'honorable compagnie considère que recevoir Sarah, c'est, comme le déclare Théodore de Banville[2], « faire entrer le loup dans la bergerie ». Mademoiselle Nathalie est toujours là qui n'a pas

1. Émile Perrin (1815-1885). D'abord peintre, il expose aux Salons de 1840 à 1848. Administrateur de la Comédie-Française de 1871 à 1885, il encouragea les mises en scène réalistes et somptueuses.
2. Théodore de Banville (1823-1891). Poète français, membre de l'école du Parnasse, il est l'auteur des *Odes funambulesques* (1857) et de charmantes comédies.

pardonné un certain soufflet. La hiérarchie qui, au sein de l'institution, précise à chacun la place qu'il doit occuper, le répertoire avec ses rôles imposés conviennent mal, il faut le dire, au caractère impétueux et entier de Sarah. Heureusement, avec l'âge, elle s'assagit un peu. Elle perd ce côté imprévisible de trublion qu'elle avait à dix-huit ans. En dix ans, elle a beaucoup appris, souvent à ses dépens, et elle a su intelligemment tirer les leçons de ses échecs et de ses erreurs passés. À l'Odéon, elle était cantonnée dans des rôles d'ingénue qui lui allaient assez mal. Au contraire, au Français, elle découvre les rôles de princesse et les héroïnes classiques, plus conformes à son tempérament.

Pendant huit ans, de 1872 à 1880, elle se plie, non sans mal, aux contraintes de ce monde de convenances établies qu'est la Comédie-Française. Elle y rencontre de remarquables comédiennes dont certaines, d'abord concurrentes, deviennent ensuite des amies durables, comme Madeleine Brohan[1] ou Sophie Croizette[2], l'une des plus talentueuses artistes de sa génération. Avec la première, elle partage l'affiche dans *Mademoiselle de Belle-Isle*[3] d'Alexandre Dumas, qui marque son retour au Français ; avec la seconde, elle se produit dans *Le Sphinx*[4] d'Octave Feuillet. Là, les choses se gâtent. C'est à qui ravira la vedette à l'autre. Elles revendiquent l'une et l'autre le même projecteur pour la scène au clair de lune afin de maintenir la rivale dans la pénombre ! Leur querelle gagne l'ensemble de la compagnie. Des clans se constituent, opposant les « croizettistes » aux « bernhardtistes ». « La guerre était déclarée, écrit Sarah dans

---

1. Madeleine Brohan (1833-1900). Entrée à la Comédie-Française en 1850, elle prit sa retraite en 1885.
2. Sophie Croizette (1847-1901). Entrée à la Comédie-Française en 1869, elle est nommée sociétaire en 1873. Elle affronta le rôle de Clorinde dans *L'Aventurière* lorsqu'il fut abandonné par Sarah.
3. *Mademoiselle de Belle-Isle*, drame en cinq actes et en prose d'Alexandre Dumas père, représenté pour la première fois au Théâtre-Français le 2 avril 1839.
4. *Le Sphinx*, drame en quatre actes d'Octave Feuillet (1821-1890) représenté au Théâtre-Français en 1874.

ses Mémoires, non pas entre Sophie et moi, mais entre nos admirateurs et détracteurs respectifs. » Indifférent à ces rivalités internes, le public, bon enfant, assure lors de la première un triomphe équivalent aux deux partenaires.

Comme le veut la tradition, Sarah joue à la fois des comédies et des tragédies. Mais c'est dans ce dernier genre que son talent s'impose avec force. Dans *La Fille de Roland*[1] d'Henri de Bornier, « elle a été ce qu'elle est toujours, adorable, disant les vers avec un accent qui pénètre jusqu'à l'âme de tous », s'extasie un critique. Un autre, venu l'admirer dans le rôle de Posthunia, l'aveugle octogénaire de *La Rome vaincue*, une tragédie bien oubliée de Parodi[2], la salue comme « une éminente artiste qui a fait preuve de sa rare intelligence et s'est élevée jusqu'au sublime en atteignant les plus hautes régions de l'art du comédien ». Les compliments, on le voit, fusent de toutes parts.

Sarah n'est jamais aussi sublime que dans la tragédie. Avec Mounet-Sully[3], son partenaire privilégié, ils forment un duo de choc qui fait vibrer d'émotion leurs admirateurs. Ils vivent également une belle histoire d'amour. Pendant deux ans, leur liaison, qu'ils affichent sans la moindre retenue, comme pour ajouter à l'intensité de leurs liens scéniques, quasi fusionnels, fascine le public parisien. Ils ont ensemble la jeunesse, la beauté, le talent et en plus ils s'aiment et ne s'en cachent pas ! Après *Britannicus et Andromaque*, c'est *Phèdre*, puis *Hernani*, en 1877. Déjà transporté par son

1. *La Fille de Roland*, drame en quatre actes donné à la Comédie-Française en 1875, œuvre du vicomte Henri de Bornier (1825-1901) ; les vers patriotiques de cette pièce lui valurent un succès prolongé.

2. *La Rome vaincue*, tragédie en cinq actes et en vers de Dominique-Alexandre Parodi (1840-1901), admise au Théâtre-Français en 1872, mais représentée seulement en septembre 1876 ; elle obtint alors un grand succès, dû à l'interprétation supérieure de Sarah qui avait insisté pour obtenir le rôle.

3. Jean Sully Mounet, dit Mounet-Sully (1841-1916). Servi par des dons physiques exceptionnels, il devint sociétaire de la Comédie-Française et l'un des plus grands tragédiens de la fin du XIXe siècle.

interprétation mémorable de la reine dans *Ruy Blas* en 1872, le vieil Hugo, cette fois, fond en larmes devant une Sarah en doña Sol plus criante de vérité dramatique que jamais. « Vous avez été grande et charmante, vous m'avez ému, moi le vieux combattant, et à un certain moment, pendant que le public attendri et enchanté par vous applaudissait, j'ai pleuré. Cette larme que vous avez fait couler est à vous et je me mets à vos pieds », écrit-il sur le billet qu'il joint à l'envoi d'un petit écrin. À l'intérieur, Sarah découvre un bracelet-chaînon d'où pend une goutte en diamant. Ce bracelet auquel elle tenait beaucoup, elle l'a perdu, raconte-t-elle, « chez le plus riche des nababs : Alfred Sasoon. Il a voulu le remplacer, mais j'ai refusé. Il ne pouvait me rendre la larme de Victor Hugo ».

En 1876, tout sourit à Sarah. Elle est maintenant célèbre, adulée, riche et aimée. Sa mère meurt cette année-là, puis sa sœur Jeanne qu'elle hébergeait, mais leur disparition, si elle laisse un vide, est vite comblée par les joies qu'apporte le succès. Grâce à ses émoluments, elle se fait construire un hôtel particulier dans la plaine Monceau ; elle dispose d'une nombreuse domesticité, maître d'hôtel, cocher, femmes de chambre, précepteur pour Maurice. Elle mène un train de vie fastueux, reçoit, est reçue, vit entourée d'une cour d'admirateurs. Ses revenus n'y suffisent pas, elle s'endette mais c'est sans importance.

Elle a d'autres soucis en tête, à commencer par ses relations professionnelles avec Perrin, dont la rigidité l'irrite. L'administrateur du Français est pointilleux quant au respect du règlement et c'est bien le moins qu'on puisse attendre du directeur d'une aussi illustre institution. Sarah ne supporte pas ses exigences. Elle a besoin de liberté, et elle ne se prive pas d'en prendre. Une ascension en ballon avec l'aéronaute Henry Giffard[1] et le

---

1. Henry Giffard (1825-1882). Ingénieur et aéronaute français, il construisit des ballons captifs de dimensions colossales. Enchantée par cette ascension, Sarah laissera un ravissant récit, *Dans les nuages. Impressions d'une chaise*, illustré par Clairin (Paris, Charpentier, 1878).

peintre Clairin[1] met le feu aux poudres. Perrin s'emporte. Cette expédition était une imbécillité, éructe-t-il, qui a ridiculisé la maison de Molière, ses comédiens et son personnel. Elle aurait dû lui en parler avant, lui demander l'autorisation, qu'il lui aurait refusée en lui rappelant qu'appartenir à la Comédie-Française oblige à une certaine tenue, que c'est un honneur qui impose des devoirs. « Vous êtes une honte pour le théâtre et pour votre art », lui lance-t-il, excédé. Il la met à l'amende mais elle ne veut rien entendre de ses récriminations, car elle ne voit vraiment pas en quoi une anodine ascension en ballon peut nuire à l'image de leur honorable maison quand ce même ballon a été l'un des clous de l'Exposition universelle[2].

En 1879, la troupe du Français s'installe à Londres au Gaiety Theatre[3] pour la saison d'été. Avant le départ et après mûre réflexion, Sarah exige d'être nommée sociétaire[4]. Le comité accède à sa requête, non sans avoir renâclé[5]. La voilà désormais sur un pied d'égalité avec la Nathalie ou la Croizette. Mais elle ne se coule pas pour autant dans le conformisme de la maison. Elle a pris un imprésario, William Jarrett, qui orientera de façon déter-

1. Georges Clairin (1843-1919). Peintre d'histoire et orientaliste, il fréquente les milieux du théâtre et devient le peintre attitré de Sarah en plus d'être son ami le plus dévoué.
2. Celle de 1878.
3. Le Gaiety Theatre, situé dans le quartier de Holborn, construit par Norman Shaw, a malheureusement été remplacé au XIXe siècle par une extension de l'English Electric Company.
4. En 1680, Louis XIV crée une troupe dont les membres sont liés par un acte d'association, mais le mot sociétaire est employé pour la première fois en 1804. La société se gère elle-même, sous le contrôle d'un représentant de l'État, l'administrateur. Celui-ci dirige le théâtre en accord avec le comité élu par l'assemblée des comédiens. Le comité décide de la progression de la carrière des membres de la compagnie, qui passent du statut de pensionnaire à celui de sociétaire.
5. Elle consulte Dumas fils qui la dissuade de s'engager à long terme. « Ceux qui ont cette chevelure, lui dit-il, ne doivent pas signer de contrat à vie [il sait de quoi il parle, lui qui a hérité de son père une chevelure aussi frisée que celle de Sarah]. » Finalement, Sarah signe quand même. Dumas, l'ayant appris, lui envoie une perruque blonde à cheveux plats avec ces mots : « Maintenant que vous voilà bien dans la maison, coiffez-vous avec cela, vous en aurez besoin. »

Sarah Bernhardt en ballon en 1878.
Illustration de Georges Clairin pour *Dans les nuages*.

minante sa carrière. Entre deux représentations, elle se produit dans les salons de la haute société londonienne. Elle y donne des saynètes, des proverbes et des monologues. Elle organise également une exposition-vente de ses œuvres, indifférente à bousculer les usages de la compagnie. Elle provoque le Tout-Londres par ses excentricités, ses outrances, en particulier quand elle revient de Liverpool avec un chien-loup, un guépard et six caméléons. Elle séduit aussi. La prude reine Victoria refuse qu'elle vienne jouer à la cour ; William Gladstone, ancien Premier ministre, moins tenu que la souveraine à se poser en parangon de la moralité publique, et sensible au charme de l'actrice, la présente à Léopold II, le roi des Belges. En dépit du vent de scandale qu'elle soulève, le public lui réserve un accueil enthousiaste.

Elle triomphe dans *Phèdre*. Sa popularité rejaillit sur la troupe entière. Elle s'identifie tant à son personnage et elle met une telle passion à interpréter le rôle, que chaque soir, au dernier acte, elle s'évanouit sur scène. Et chaque soir, Mounet-Sully la relève sous les applaudissements frénétiques de la salle. Les critiques s'emballent littéralement pour Sarah. Le *Morning Post* n'a pas de mots assez louangeurs pour l'encenser. « Cette performance, une merveille de beauté et d'attitude, de force fébrile, d'intensité et de pureté expressive, est d'autant plus remarquable, peut-on y lire, qu'il fallait atteindre la passion en quelque sorte d'un seul bond. Cela prouve que mademoiselle Sarah Bernhardt est à la hauteur de sa réputation et montre ce que peut espérer un public qui a attendu sa venue passionnément. »

Les lauriers que la presse lui décerne ne calment cependant pas l'ire de Perrin à son égard. Leurs relations s'enveniment à force d'amendes et de menaces de démission. Le contrat de Sarah expire à la fin de l'année 1880. Souhaite-t-elle seulement qu'il soit reconduit ? Elle fait une assez mauvaise prestation dans *L'Aventurière*[1]

1. *L'Aventurière*, comédie en trois actes d'Émile Augier (1820-1889), avait été donnée au Théâtre-Français en 1848.

d'Émile Augier que le Français a inscrite à son nouveau programme. La critique est gênée et exprime à mots couverts son désappointement. Sarah rend l'administrateur responsable de son demi-échec. Elle l'accuse de l'avoir obligée à tenir un rôle qu'elle n'aimait pas et surtout qu'elle ne sentait pas. « C'est mon premier échec, lui écrit-elle, furieuse, ce sera mon dernier. Veuillez recevoir ma démission immédiate. »

Avec ce départ fracassant, elle réagit aussi impulsivement que huit ans auparavant, quand elle a claqué la porte de l'Odéon, sans se soucier un instant des conséquences de son acte. Perrin n'entend pas en rester là. Il engage un procès contre elle pour rupture abusive (et intempestive !) de contrat, procès qu'elle perd. Son mouvement d'humeur et d'orgueil lui coûte une véritable fortune : pas moins de cent mille francs qu'elle doit verser à la Comédie-Française au titre de dommages et intérêts. Quand, en 1887, au faîte de sa gloire, elle sera de nouveau sollicitée pour réintégrer la compagnie, elle refusera net. Il y a des vexations qui ne s'oublient pas !

Dégagée des contraintes qui la brimaient, Sarah, sous la houlette de Jarrett, poursuit désormais sa carrière en toute liberté, au gré de ses fantaisies, de ses envies. Mais aussi de ses besoins d'argent, de plus en plus pressants au fur et à mesure que croît sa célébrité. Le succès rapporte gros mais il est aussi d'un entretien coûteux. Elle doit soutenir un train de maison digne de sa renommée, de sa générosité, de ses exigences en matière de costumes ou de décors. Dorénavant, elle choisit elle-même son répertoire et ses partenaires de scène. Elle obéit seulement à son instinct, qui la pousse davantage vers le théâtre classique que vers les courants d'avant-garde. Sarah est et demeurera tout au long de sa carrière, dans ses choix et ses interprétations, une traditionaliste. Le Conservatoire l'a influencée à jamais. Elle y a reçu une formation marquée par la culture romantique et classique et elle rejette toute autre forme d'expression théâtrale, en particulier le naturalisme. À la question d'un journaliste belge qui lui demande, en 1899, si la tentative d'Antoine, le fondateur du Théâtre-Libre et le promoteur d'une esthétique nouvelle, révolutionnera l'art de la scène comme l'impressionnisme a révolutionné la peinture, elle a cette réponse révélatrice de ses positions : « Les auteurs libres font tort aux vrais impressionnistes. Monsieur Dumas est un impressionniste et un très grand. » Qui sait si, forte de cette conviction, elle ne s'est pas sentie elle-même d'avant-garde en inscrivant, en 1880, dans son premier répertoire les drames de Dumas fils comme *La Dame aux camélias, La Princesse Georges* ou *La Femme de Claude*[1] ?

Assurément, ses choix ne sont pas frappés du sceau du modernisme. Sarah ne cherche pas à innover mais à séduire et elle ne peut séduire qu'à la condition de se glisser dans la peau de personnages qui la font palpiter. Elle veut émouvoir parce qu'elle-même est émue par le sort de ses héroïnes tragiques. Elle joue avec tout son être, avec son âme et non pas avec l'obsession, qui dans son cas aurait tué toute création, d'être à tout prix à l'avant-garde en matière de recherche théâtrale. D'ailleurs le public ne s'y trompe pas. Elle fait salle comble parce qu'elle sait transmettre des émotions sans pour autant négliger l'effet. Eugénie Doche[2], la créatrice du rôle de Marguerite Gautier en 1851, une référence en la matière, juge cependant sa façon de « mourir » trop spectaculaire.

La Dame aux camélias est l'un de ses plus grands succès et l'un des plus durables[3]. À sa demande, Dumas a apporté quelques modifications à son texte qui lui ont

1. Le roman d'Alexandre Dumas fils *La Dame aux camélias* fut publié en 1848. Son auteur en fit ensuite un drame en cinq actes et en prose, joué au théâtre du Vaudeville en février 1852.
La Princesse Georges, comédie en trois actes et en prose, a été jouée le 4 décembre 1871 au théâtre du Gymnase.
La Femme de Claude, jouée au Gymnase en 1873 avec un succès de curiosité passagère, montrait au dernier tableau le mari trompé tuant à bout portant celle qui l'avait trompé.
2. Eugénie Doche (1821-1900). Elle débute en 1838 au Vaudeville, où sa beauté et sa jeunesse assurent son succès.
3. Un critique lui donnera le nom de pièce « terre-neuve ».

Dessin de LUC.

Sarah Bernhardt en Dame aux camélias.

permis de s'identifier pleinement à la malheureuse phtisique. Pour tout le monde, Sarah est Marguerite, et partout, aussi bien en France qu'à l'étranger, on la réclame dans ce rôle. Quand elle inscrit la pièce au programme de sa première tournée à New York, Dumas, horrifié et un brin antiaméricain, s'exclame : « Quoi ? Essayer ma pièce sur des barbares ? » Sarah ne manque pas d'aplomb, en effet. Mais pour ne pas effrayer la société puritaine et bien-pensante de l'Amérique, Jarrett a l'idée géniale de rebaptiser *La Dame aux camélias* en *Camille*, effaçant du coup, sur l'affiche du moins, toute référence à l'héroïne dont le nom est synonyme de courtisane et de prostituée. Les « barbares » plébiscitent la pièce. Pendant plus de trente ans, Sarah promènera *Camille* avec un égal succès à travers tout le territoire des États-Unis.

Combien d'Armand Duval se sont succédé auprès d'elle ? Combien de fois a-t-elle expiré dans les spasmes de l'agonie ? À chaque fois que son théâtre rencontre des difficultés de trésorerie, elle redevient Marguerite pour renflouer ses caisses. Maurice Rostand[1], qui, enfant, a assisté à une représentation depuis les coulisses du théâtre, écrit joliment : « Je sortis avec quelque chose que je ne puis comparer qu'à une insolation prise au soleil de Sarah Bernhardt. » Le compositeur Reynaldo Hahn[2], l'un de ses familiers, ne pouvait contenir son émotion lorsqu'il l'entendait murmurer à Armand : « Ah ! Que j'ai eu tort. » Il suffisait alors de ces quelques mots, mais « quel regard, quel frisson ! Et cette subite palpitation du cœur ! Ce qui est beau dans ce jeu de scène, explique-t-il, c'est l'estompe dont il est recouvert, le flou voulu qui en fait, non une imitation, mais une interprétation artistique, la figuration définitive d'un émoi ». On mesure, à travers ces mots, l'effet produit sur le public par le jeu de Sarah, tantôt violent et réaliste, comme

1. Maurice Rostand (1891-1968). Fils d'Edmond Rostand et de Rosemonde Gérard, il est lui-même poète, romancier et auteur dramatique.
2. Reynaldo Hahn (1875-1947). Compositeur français, il est l'auteur de mélodies et d'œuvres lyriques, dont *Ciboulette* (1923), et de partitions pour les pièces de Sarah Bernhardt.

dans la scène de la mort, tantôt subtil, tout en finesse et en émotion contenue.

Évoquer *La Dame aux camélias*, sa pièce fétiche, c'est entrer d'emblée dans l'univers théâtral de Sarah Bernhardt. C'est aussi choisir de parler de la période la plus féconde de sa carrière au théâtre (1880-1900), deux décennies d'une extrême richesse. Il suffit, pour s'en convaincre, de parcourir la longue liste des rôles qu'elle a interprétés pendant soixante ans, de 1861 à 1921. On mesure ainsi l'étendue de son répertoire, on repère les échecs et les succès, les reprises et les créations, on remarque l'alternance entre les tragédies classiques, les drames bourgeois et historiques. Au total, plus de cent quarante rôles, des plus obscurs, comme dans *Un mari qui lance sa femme* d'Eugène Labiche[1] ou *Les Enfants d'Édouard* de Casimir Delavigne[2], jusqu'aux plus justement célèbres, tels *Phèdre* ou *L'Aiglon* d'Edmond Rostand, sans parler de ceux qui, à la création de la pièce, connaissent un immense retentissement, comme *Théodora* ou *Cléopâtre* de Victorien Sardou.

Arrêtons-nous un instant sur quelques-uns de ces titres. Dans le genre des drames bourgeois, dont *La Dame aux camélias* est l'archétype, Sarah se produit tour à tour dans des œuvres bien connues du public, disons des « classiques », comme l'inévitable *Froufrou* de Meilhac et Halévy ou *La Princesse Georges* de Dumas, et des « nouveautés » comme *Fédora* de Victorien Sardou[3] qu'elle crée

1. Vaudeville d'Eugène Labiche (1815-1888), créé en 1864.
2. Casimir Delavigne (1793-1843). Poète et auteur dramatique, il est reçu à l'Académie française en 1825. *Les Enfants d'Édouard*, tragédie inspirée d'un tableau de Delaroche, sont donnés pour la première fois à la Comédie-Française le 18 mai 1833.
3. Victorien Sardou (1831-1908). Il écrit spécialement pour Sarah Bernhardt deux drames à grand spectacle : *Fédora*, drame en quatre actes, qui dépeint la haute société russe, est créé au Vaudeville le 11 décembre 1882 ; *Théodora*, drame en cinq actes et neuf tableaux tiré de l'histoire du Bas-Empire romain et créé à la Porte-Saint-Martin le 26 décembre 1884, donne lieu aux violents effets de contraste recherchés par l'actrice.

en 1882 au théâtre du Vaudeville ou *Léna* de Pierre Berton. Elle a trouvé en Sardou un auteur à sa mesure. Il sait merveilleusement exploiter le registre de ses émotions et concentrer toute l'intensité dramatique dans des intrigues passionnelles qui, invariablement, se terminent par la mort de l'héroïne. Prenons *Fédora*. Quels sont les ingrédients de ce mélodrame ? Une princesse russe qui préfère s'empoisonner plutôt que d'empoisonner l'agresseur de son amant dont elle est tombée éperdument amoureuse. Sarah reprend très souvent la pièce, aussi bien à Paris qu'au cours de ses tournées en France ou à l'étranger. La critique ne se prive pas de souligner la médiocrité de l'histoire, un fait divers théâtralisé par Sardou. Sarah s'amuse beaucoup sur scène. Par exemple, elle demande parfois à un ami, de préférence célèbre, de se substituer à l'acteur pour « jouer » le cadavre du prince Romanoff. Le prince de Galles, le futur Édouard VII, ou le peintre Graham Robertson[1] se prêtent volontiers à cette bonne blague. En Fédora, Sarah est éclatante, « magnifique », disent les critiques qui lui sont acquis, malgré l'insignifiance du rôle lui-même. « Elle est très grande, écrit l'un d'eux, nous ne pouvons que le répéter chaque fois que nous la voyons. Il lui faut des situations extrêmes pour elle-même. Mais alors, elle est incomparable. L'extrême amour, l'extrême angoisse, l'extrême souffrance… »

Voici donc l'une des clés de son succès : ce talent inimitable de traduire dans le paroxysme un éventail de sentiments. Autant de qualités en opposition totale avec celles de la Duse[2], l'immense tragédienne italienne, de quinze ans sa cadette et sa concurrente dans le même registre tragique. Tout en intensité contenue, le jeu de la Duse se situe aux antipodes de la théâtralité de Sarah. Les deux divas se connaissent et se jaugent. Elles parta-

1. Walter Graham Robertson, peintre, poète et illustrateur anglais né en 1867.
2. Eleonora Duse-Checchi (1859-1924). Tragédienne italienne, elle connut un très grand succès en Europe à la même époque que Sarah Bernhardt avec un répertoire presque identique.

gent le même répertoire mélodramatique, elles se produisent sur les mêmes scènes, elles ont chacune leurs propres partisans. « Le contraste entre les deux Magda est aussi frappant qu'il peut l'être, remarque George Bernard Shaw après les avoir toutes deux vues à Londres en 1895 dans la *Magda* de Sudermann[1]. Madame Sarah Bernhardt a tout le charme d'une maturité aimable... Ses toilettes et ses diamants sont d'une grande beauté... Elle ne rentre pas dans le personnage, elle se substitue à lui. C'est là précisément ce que la Duse ne fait pas. Son interprétation nous touche de manière indicible parce qu'elle est extrêmement mesurée. » La Duse confie un jour à Cécile Sorel[2], qui fréquente les deux rivales, qu'elle porte toujours les robes les plus simples « pour ne pas détourner l'attention qu'on doit au visage. C'est tout ce que je cherche. Mon maquillage est fait de ma sensibilité ».

Considérer, comme on le fait un peu trop vite aujourd'hui, Sarah Bernhardt comme l'une des dernières grandes actrices du XIXe siècle et la Duse comme la première du XXe, est une affirmation qui demande à être modulée. Certes, la chose est en partie vraie. Pour faire ressortir la tension dramatique qui embrase son personnage, Sarah s'identifie, on l'a vu, complètement à lui, sans nuance. Par là même, elle s'oppose aux principes qu'énonce Diderot dans *Le Paradoxe du comédien*, où il recommande de contenir ses sentiments. Sarah, au contraire, se laisse aller, s'abandonne à sa propre flamme. « Nous autres les vibrants, explique-t-elle en 1884 à un journaliste, nous avons besoin de croire pour faire croire. Notre vraie vie, c'est là-bas dans le foyer incandescent de toutes les passions vécues ou rêvées. C'est le battement de cœur perpétuel... C'est la névrose

1. Hermann Sudermann (1857-1928). Auteur dramatique allemand, sa pièce intitulée *Heimat*, jouée à Paris en 1895 sous le nom de *Magda*, connut un succès mitigé.
2. Cécile Émile Seurre, dite Cécile Sorel (1873-1966). Actrice française, elle fit une brillante carrière à la Comédie-Française de 1901 à 1933. Elle se distingua dans le rôle de Célimène du *Misanthrope*.

enfin à son dernier degré. » Sarah sait, et ses propos le confirment, qu'elle prône un style de jeu en complet désaccord avec celui de la Comédie-Française. « Mes grands camarades, ajoute-t-elle, les comédiens de la vie, crieront : Ce n'est pas du grand art. Pour bien traduire, il ne faut rien sentir. » La maîtrise de l'émotion est un principe également défendu par Edward Gordon Craig[1], un grand réformateur du théâtre, partisan des comédiens-marionnettes, détachés de toute expression sensible.

Cette tension qui est la sienne, Sarah la recherche dans le caractère des héroïnes classiques, celui de Phèdre en particulier, qui reste sans conteste l'une de ses plus brillantes réussites. En inscrivant la tragédie de Racine à son répertoire, elle prend un risque de taille, celui d'une comparaison, à son désavantage, avec Rachel. Ce monstre sacré du Français, tragédienne hors pair, morte de la tuberculose en 1858 à l'âge de trente-huit ans, a laissé le souvenir d'une Phèdre inégalable et inégalée jusque sur les scènes américaines. D'aucuns admettent que Sarah la surpasse dans ce rôle. Sarah admire cette aînée, juive comme elle et qui a déployé son talent dans un répertoire analogue au sien (citons, par exemple, l'*Adrienne Lecouvreur* d'Eugène Scribe[2]). Sarah déclare également – et ce n'est pas seulement coquetterie de sa part – qu'elle n'atteindra jamais les hauteurs de son art, et pour bien marquer son allégeance, elle conserve chez elle un tableau représentant Rachel morte, la tête ornée de lauriers. La trajectoire de Sarah, couronnée par sa consécration dans *Phèdre*, inspire sans doute à Edmond de Goncourt son roman *La Faustin*, publié en 1882, qui raconte l'histoire d'une actrice dramatique partagée entre le personnage de Phèdre et les aléas de sa vie amoureuse. Dans sa pré-

1. Edward Gordon Craig (1872-1966). Acteur, metteur en scène et théoricien de l'art dramatique anglais. Si on lui a reproché de réduire l'acteur à une marionnette, il n'en a pas moins cherché à promouvoir l'idée de l'acteur, créateur d'un spectacle total.
2. Drame en cinq actes et en prose d'Eugène Scribe (1791-1961) et Ernest Legouvé (1807-1903), créé au Théâtre-Français le 14 avril 1849.

face, Goncourt explique, sans citer évidemment de nom, qu'il a voulu faire « un roman qui sera simplement une étude psychologique et physiologique de cette jeune fille grandie et élevée dans la serre chaude d'une capitale, un roman bâti sur des documents humains ». Les lecteurs ne s'y trompent pas, qui voient dans *La Faustin* un portrait à peine maquillé de Sarah Bernhardt.

De 1874 à 1913, pendant près de quarante ans, Sarah transporte infatigablement l'héroïne racinienne sur toutes les scènes du monde. Partout, le public autant que la critique s'extasient devant son interprétation. « Je souffrais, je pleurais, je criais et tout cela était vrai. Ma souffrance était horrible, mes larmes coulaient brûlantes et âcres, j'implorais Hippolyte pour l'amour qui me tuait et mes bras tendus vers Mounet-Sully étaient les bras de Phèdre », confesse-t-elle dans ses Mémoires. Sa passion avait quelque chose de communicatif, comme en témoigne l'une de ses amies, Suze Rueff[1], qui assiste à une représentation donnée au théâtre de la Monnaie, à Bruxelles, en 1896. « La Phèdre de Sarah Bernhardt, rappelle cette dernière, était alternativement un objet de pitié et de terreur, une créature complètement écrasée par l'énormité de sa faute et emportée par un feu dévorant. » Ses hoquets d'agonie, d'un réalisme effrayant, Sarah les a observés durant l'agonie de sa propre sœur Régina, dont la mort a laissé en elle une marque indélébile. Elle est une héroïne racinienne bien plus que cornélienne. D'ailleurs, elle ne cache pas sa préférence pour Racine. Elle s'en explique en 1914, au cours d'une conférence donnée pour le *Journal de l'université des annales*. « Je trouve Corneille, précise-t-elle alors, souvent surhumain mais jamais humain. Sa Chimène est une odieuse et prétentieuse créature... Phèdre, elle, est la plus touchante, la plus douloureuse victime de l'amour. » Tout au long de sa carrière, elle restera fidèle à Racine, depuis ses

1. Suze Rueff, une amie hollandaise de Sarah. Les deux femmes se rencontrent régulièrement à Londres, Bruxelles, Paris et Belle-Île de 1880 à 1922. Elle publie en 1951 *I know Sarah Bernhardt*.

débuts dans *Iphigénie* en 1862 jusqu'à *Athalie*, en 1920, qui est l'un de ses derniers rôles.

Bien entendu, elle a des rivales. Et elles sont nombreuses. Et elles ont toutes autant de talent qu'elle. Et pourtant la célébrité de Sarah Bernhardt les éclipse toutes. De Sophie Croizette, dont on a oublié la renommée, subsiste un beau portrait signé de Carolu Duran. Julia Bartet[1], qualifiée elle aussi de « divine », reprend magnifiquement le rôle de la reine dans *Ruy Blas* à la Comédie-Française après le départ de Sarah. Or on considérait, à juste titre, Julia Bartet comme l'interprète idéale de ce même Racine dont Sarah a fait son répertoire de base.

Néanmoins, aucune de ses rivales ne parvient à l'égaler dans le mélodrame historique, des œuvres bien oubliées aujourd'hui et qu'on ne monte quasiment plus, mais qui connaissent alors un immense succès populaire. La psychologie des personnages y est souvent rudimentaire, mais l'important n'est pas là. Les directeurs de théâtre déploient de tels moyens que le public ne prête guère attention aux faiblesses du livret, parce qu'il y a du grand spectacle pour enrober le tout, avec des mises en scène grandioses, des costumes fabuleux, des bijoux rutilants, des décors magnifiques, des foules de figurants. Ces spectacles préfigurent le septième art et les grandes productions hollywoodiennes sur des thèmes historiques ou bibliques à la Cecil B. De Mille.

De 1884 à 1893, Sarah se produit au théâtre de la Porte-Saint-Martin. Elle revêt les habits de l'impératrice de Byzance dans *Théodora* en 1884, la tunique de la reine d'Égypte dans *Cléopâtre* en 1890[2], ou encore la

1. Julia Bartet (1854-1941). Elle débute avec succès dans *L'Arlésienne* d'Alphonse Daudet et entre à la Comédie-Française en 1880. « Mademoiselle Bartet, déclarera Hugo, oublieux de son admiration pour Sarah, a joué le rôle de façon à mériter qu'on le lui laisse et à y attacher son nom à l'avenir. »

2. Cette pièce, dont l'intrigue s'étire, n'emballe guère les critiques. L'un d'eux, Richard O'Monroy, écrit avec humour : « Ça manque peut-être un peu d'action, mais ça ne manque pas d'Actium. »

robe de Mélissinde dans *La Princesse lointaine*; elle était courtisane dans *Izéil*[1] ou dans *La Samaritaine*[2], elle apparaît en duchesse grecque du XVe siècle dans *Gismonda*[3]. En 1890, à la demande des ligues féminines bien-pensantes, elle devient Jeanne d'Arc[4] dans une pièce médiocre du même nom écrite pour l'édification morale des jeunes filles. L'une d'entre elles va jusqu'à lui écrire au nom de tout son pensionnat pour la remercier: « Vous ne sauriez croire, Madame, à quel point l'annonce de ce spectacle nous a toutes ravies. Nos pères, nos parents, nos grands frères, vous proclament l'incarnation idéale de l'art... Malheureusement, on ne nous conduit qu'à certains théâtres, on ne nous fait entendre que certaines pièces. Or le malheur veut que vous jouiez des pièces que nous ne devons pas entendre. » Sa prestation dans *Jeanne d'Arc*, en lui conférant une aura de respectabilité morale, corrige l'image négative de la comédienne dans des milieux où les actrices passent encore pour des créatures malfaisantes.

En 1893, elle prend la direction du théâtre de la Renaissance, concrétisant ainsi son vieux rêve de posséder sa propre salle, où elle pourra agir à sa guise. Elle modifie l'organisation générale de la maison: elle supprime la majoration des places en location, elle demande aux dames d'ôter leur chapeau lors des matinées, elle fait enlever la boîte du souffleur, sous prétexte « que c'est vilain, que cela ressemble à une malle, que ça coupe les jambes des artistes ». Désormais, dans son théâtre, le

---

1. Le 25 janvier 1894, Sarah crée *Izéil*, une pièce tirée de la légende de Bouddha et écrite par Armand Sylvestre et Eugène Morand. L'histoire est celle d'une courtisane indienne à une époque indéterminée.
2. Drame d'Edmond Rostand inspiré d'un épisode de la Bible.
3. Dans *Gismonda* (1894), de Sardou, un drame moyenâgeux, Sarah interprète le rôle d'une duchesse athénienne du XVe siècle qui, devenue veuve, épouse après bien des péripéties le jeune domestique sauveur de son enfant (il est tombé dans une fosse aux lions). Le public et la critique apprécieront et applaudiront Lucien Guitry et De Max qui viennent d'entrer dans la compagnie.
4. Sarah apparaît dans cette pièce vêtue d'une armure de cuir blanc, sur le milieu de laquelle est peinte une image de la Vierge.

souffleur se tiendra en coulisse. Elle abolit la claque, pratique courante à l'époque mais qu'elle trouve humiliante. Sarah, directrice de théâtre, est partout, surveille tout, s'inquiète du remplacement des tapis, de la réfection des fauteuils, du cirage des parquets. En 1899, elle déménage et loue pour vingt-cinq ans le Théâtre des Nations, place du Châtelet, qui prendra le nom de théâtre Sarah-Bernhardt[1].

Elle fait de sa loge un second appartement qu'elle arrange avec un luxe sans pareil sur deux étages. Elle y vit l'attente angoissante avant chaque représentation et le relâchement qui lui succède, elle y reçoit ses amis, ses parents, les critiques. Tous ceux qui lui ont rendu visite ont gardé en mémoire la grande cheminée où brûle en toute saison un bon feu, la coiffeuse encadrée de hauts miroirs comme les portes des armoires à costumes, la salle de bains remplie de bouquets, l'atelier, la cuisine et la salle à manger.

De ses fenêtres, on voit la tour Saint-Jacques et ses pigeons, le petit square qui l'entoure. L'ensemble est décoré dans le style Empire (l'influence de *L'Aiglon* !) : rien n'y manque, ni les aigles, ni les sphinges, ni les abeilles. C'est une sorte de cocon, où le temps dévide pour l'imagination de la « Patronne » (c'est ainsi que l'appellent ses employés) les fastes d'une épopée dont elle a su, en l'illustrant, faire son écrin[2].

En matière de mise en scène, Sarah expérimente beaucoup. « Elle est, remarque Ludovic Bron, la première qui se soit libérée des conventions étroites des mises en scène "bourgeoises". Elle a travaillé à une évolution vers le vrai, elle a insufflé une vie nouvelle... Elle anima les foules, s'inquiéta de l'histoire et apporta au détail des accessoires sa vigilance d'actrice et de direc-

1. Ancien théâtre lyrique (opéra-comique), actuel Théâtre de la Ville.
2. Bien après la mort de Sarah, ce lieu gardera longtemps sa magie pour les comédiens qui s'y succéderont. Edwige Feuillère en évoque l'atmosphère dans *Les Feux de la rampe*, ses souvenirs de théâtre. La loge a conservé la baignoire, les grands miroirs, les appliques et le lustre marqué de son chiffre SB.

trice. » Il ne faut pas perdre de vue que la mise en scène n'est pas encore l'affaire de professionnels. Chacun, artiste, directeur, auteur, tend vers une surenchère du spectaculaire, avec la reconstitution historique comme seule préoccupation. Sarah elle-même n'échappe pas à cette mode. Mais, à la différence de bon nombre de ses confrères, elle a un sens réel des mouvements de foule et elle excelle à rendre l'effet. Dans *La Samaritaine*, une pièce « biblique » de Rostand, elle prouve sa maîtrise à manœuvrer les figurants. Elle enrichit *La Tosca* de nombreuses trouvailles scéniques qui inspireront par la suite les metteurs en scène de l'opéra de Puccini adapté de la pièce de Sardou. Elle imagine même de fixer des ampoules électriques dans la chevelure d'une actrice qui figure la Nuit !

Sarah reste très attachée à la précision des reconstitutions historiques, sans jamais se préoccuper de la rentabilité, ce qui la perdra[1]. Elle dépense des fortunes à monter luxueusement des pièces qui ne séduisent parfois qu'un public restreint, elle envoie chercher dans les bibliothèques les renseignements dont elle a besoin pour préciser tel ou tel détail d'un décor ou d'un costume.

Elle se rend sur les lieux mêmes où se déroule l'action de ses pièces. On la retrouve ainsi en Italie et en Autriche à fouiller les textes ou les fonds iconographiques. À la proposition de Sardou de mettre en scène la vie de Théodora, l'impératrice de Byzance, une ancienne prostituée qui gravit les marches de la gloire et deviendra une meurtrière, Sarah s'enthousiasme. Pendant que l'auteur se livre à des recherches de détails, elle fait le voyage à Ravenne pour voir de près les célèbres mosaïques byzantines, dont Théophile Thomas s'inspire

1. L'un des premiers essais théoriques à aborder la mise en scène théâtrale est écrit en 1884 par un ancien officier, Louis Becq de Fouquières. « Pour un directeur, écrit celui-ci, c'est son honneur et sa gloire de monter parfois des œuvres qui ne soient susceptibles de plaire qu'à un public restreint, mais délicat et lettré. » Son ouvrage, *L'Art de la mise en scène, essai d'esthétique théâtrale*, a été réédité en 1999 aux éditions Entre/vues.

pour les costumes. Quand elle monte *L'Aiglon* en 1900, elle part pour Vienne avec Rostand. Ils visitent le château de Schönbrunn, s'attardent dans l'appartement du fils de Napoléon et de Marie-Louise, chinent chez les antiquaires et les brocanteurs en quête d'armes et d'uniformes de l'armée autrichienne.

Pour s'identifier pleinement à ses personnages, Sarah a besoin de se sentir contemporaine des époques du passé. Elle a une façon bien à elle de construire ses personnages. Elle joue, dès la première répétition, avec la pensée de l'auteur et non avec son texte, comme l'explique Félicien Champsaur[1] dans *L'Esquisse d'un rôle*. « Elle n'a pas appris le rôle, écrit-il, elle ne l'apprendra qu'à la dernière extrémité, peu de jours avant la première. Elle improvise le texte comme dans la commedia dell'arte, elle se moque des paroles et joue avec ses souvenirs. Souvent, elle trouve un geste heureux sorti de la vie même, une intonation admirable. » Elle attend de ses partenaires la même démarche. Elle se montre exigeante, tyrannique, elle n'excuse aucune défaillance. Pendant les répétitions, elle mène la vie dure à sa troupe. Par son intransigeance, par cette recherche continuelle du mot ou de la situation, elle se rend souvent odieuse et détestable, aussi bien avec les acteurs qu'avec les machinistes, les costumières ou les décorateurs. Personne ne s'aventure à contester ses choix, à remettre en question ses décisions, sauf peut-être son fils Maurice qui sert un temps d'administrateur. « Il est affreux ce décor, s'insurge-t-elle lors des répétitions de *Lucrèce Borgia*, il m'énerve, il m'irrite, il me fait oublier mes répliques. »

Dans l'ensemble, Sarah s'efforce d'innover, soucieuse de se détacher des traditions anciennes. Elle n'hésite pas, à l'occasion, à prendre la plume et à se transformer en auteur dramatique. Elle imagine un drame conjugal en un acte, *L'Aveu*, qu'elle inscrit à sa tournée en 1888. « Le style est ampoulé mais l'action est simple et ne laisse

1. Félicien Champsaur (1858-1934). Écrivain, il participa aux luttes des décadents. Son roman *Dinah Samuel* s'inspire de la vie de Sarah Bernhardt.

pas d'être émouvante. Elle s'est écrit un bon rôle de tournée, voilà tout », note à son sujet le critique Vert-Vert dans *L'Art et la Mode*. Elle récidive avec *Un cœur d'homme* et une version très personnelle d'*Adrienne Lecouvreur* en 1907[1].

Elle demande à Dumas fils ou à Sardou de remanier leurs textes, de couper par-ci et par-là, elle fait adapter Shakespeare, elle retouche Musset pour le dépoussiérer un peu de ses accents romantiques. À un journaliste qui s'en étonne, elle réplique : « Musset a eu ses caprices, j'ai les miens. Je ne cherche pas à savoir si cette tentative [elle prévoit alors de monter *Lorenzaccio*] sera ou non fructueuse, si le succès couronnera mes efforts ou si une grande déception doit s'ensuivre… Je tiens à faire vivre ce personnage en y consacrant tout mon acquis de comédienne et toute mon âme d'artiste. » Ainsi réduite à quatre actes, l'œuvre rencontre un succès colossal. Sarah, magistrale, apparaît sur scène travestie d'un « pourpoint d'or et de jais, la face exsangue ». Pour les spectateurs, il ne fait aucun doute que ce n'est pas Sarah Bernhardt qui agit et pense, mais bel et bien Lorenzaccio. Le peintre Humphreys Johnston[2] la représente en prince de la Renaissance. « La remise à la scène de *Lorenzaccio* fut une des tentatives les plus intéressantes, les plus artistiques que l'on ait vues à ce grand petit théâtre de la Renaissance, commenta Jules Lemaitre. On peut dire que sous le pourpoint noir et les chausses collantes du pâle et sombre prince florentin, l'actrice était aussi grande, aussi terrible dans les scènes muettes que dans les grands passages de vengeresse fureur. Elle avait une manière d'écouter et de refermer son livre qui était de l'art le plus profond et le plus subtil. »

Redécouvert par les romantiques dans les années 1830, Shakespeare, grâce à Sarah, connaît une nouvelle for-

1. Sa version du personnage de la comédienne du XVIIIe lui permet de mettre en parallèle la condition de l'actrice à la fin du XIXe siècle.
2. John Humphreys Johnston (1857-1941). Peintre américain, il travaille à Paris et obtient une médaille d'argent à l'Exposition universelle de 1900 avant d'aller s'établir à Venise.

tune. En 1868, déjà, elle avait été Cordélia dans *Le Roi Lear*. En 1884, elle joue *Macbeth*, dans une traduction de Jean Richepin[1]. Son *Hamlet*, en 1886 (elle est Ophélie), est un fiasco. Elle se rattrape en 1899, en remontant la pièce, mais cette fois en s'attribuant le rôle-titre. Elle ne manque pas d'audace ! Interpréter en travesti le chef-d'œuvre de Shakespeare, qui n'a jamais été donné dans son intégralité sur une scène française, oser reprendre le rôle si brillamment tenu en Angleterre par David Garrick[2] puis Henry Irving[3], deux des plus grands acteurs shakespeariens, ou en France par Mounet-Sully, c'est, assurément, ne pas manquer d'aplomb. Totale inconscience ou ambition démesurée ? On peut se le demander. Non seulement, et l'on ne s'en s'étonnera pas, Sarah gagne son pari, sort victorieuse du défi qu'elle s'est lancé. Mais mieux, elle part en tournée à Londres avec *Hamlet*. Les critiques, plus surpris que séduits, rendent toutefois hommage à cet Hamlet « très grande dame ». Elle pousse la provocation jusqu'à jouer la pièce, en français, à Stratford-on-Avon, la ville natale du poète ! Et elle est acclamée – mais peut-être surprend-elle plus les spectateurs qu'elle ne parvient vraiment à les convaincre.

Sous l'emprise des innombrables personnages qui l'habitent, elle ne fait plus la différence entre le théâtre et la réalité, au point de transformer sa vie en une représentation permanente. Elle veut, disent ses intimes, partout et toujours cueillir les suffrages et les cœurs. Elle glisse progressivement dans une pararéalité où l'artificiel devient

1. Jean Richepin (1849-1926). Poète, romancier et auteur dramatique, il est l'un des représentants de l'école dite naturaliste. Il écrit, à la demande de Sarah, *Nana Sahib*, un drame en cinq actes et en vers, créé au théâtre de la Porte-Saint-Martin le 20 novembre 1882. Il donne également au même théâtre une traduction en prose de *Macbeth*, en neuf tableaux, dont la première a lieu le 21 mai 1884.
2. David Garrick (1717-1779). Acteur et auteur dramatique anglais, il joua tous les plus beaux rôles de Shakespeare, qu'il contribua à remettre à la mode. Il dirigea de 1747 à 1776 le théâtre de Drury Lane.
3. John Brodribb, dit Henry Irving (1838-1905). Acteur britannique, il s'impose en 1874 dans *Hamlet* au Lyceum Theatre comme le premier tragédien d'Angleterre.

une chose naturelle. « Je ne suis pas sûr que madame Sarah Bernhardt, au point où elle en est, soit encore capable de trouver l'intonation juste pour dire : "Bonjour, monsieur, comment vous portez-vous ?", ironise Jules Lemaitre[1]. Il lui faut l'extraordinaire pour être elle-même. Mais alors, elle est incomparable. » En baptisant Sarah « Notre-Dame du théâtre », Sacha Guitry a bien saisi la dimension du personnage. Son pouvoir de séduction, elle le tient en partie de sa voix, cette « voix d'or » que célèbre Victor Hugo, cette étrange mélopée douce et lancinante qui surprend les critiques à ses débuts à l'Odéon, « cette caresse qui vous frôle comme des doigts », « ce chant plaintif et musical qui vous saisit voluptueusement » et qui hypnotise ses admirateurs. Ceux qui ne l'aiment pas – et il s'en trouve – plaisantent volontiers sur son « bêlement harmonieux », sur sa « diction monotone et pure d'idole ennuyée ». Les enregistrements que nous avons conservés d'elle nous font découvrir une voix qui ne correspond plus à la sensibilité d'aujourd'hui. Entendre cette longue psalmodie pathétique au vibrato soutenu produit un effet de malaise. Mais, il y a cent ans, la déclamation lyrique et emphatique, le chantonnement montant et descendant, ceux-là mêmes que Sarah enseigne à ses élèves, étaient la règle et répondaient au canon esthétique en vigueur au siècle dernier.

Pour des spectateurs du dernier quart du XIXe siècle qui n'ont ni le disque ni la radio, ni le cinéma ni la télévision pour écouter la voix ou recevoir les images de leurs idoles, le théâtre, avec tous ses excès, a de quoi satisfaire leur imaginaire. Et Sarah est de cet imaginaire-là.

---

1. Jules Lemaitre (1853-1914). Poète et critique, il abandonne sa carrière universitaire en 1884 pour se consacrer aux lettres et à la critique dramatique. Il collabore d'abord au *Journal des débats* puis entre à *La Revue des Deux Mondes*.

CHAPITRE III

L'Errante

La Muse ferroviaire, l'Errante, la Juive errante, autant de qualificatifs attribués à cette intrépide voyageuse qui sillonne inlassablement pendant quarante ans les mers et les continents, en voiture hippomobile, en train ou en paquebot. Les innombrables voyages qu'elle entreprend à partir de 1880 la conduisent dans toutes les provinces françaises, mais aussi en Angleterre, où elle se rend chaque année. Elle parcourt également l'Europe, du nord au sud, d'est en ouest, mais elle s'interdit de franchir le Rhin et de poser le pied en Allemagne, parce qu'elle n'a pas pardonné, on l'a dit, la défaite de 1870. Elle se tourne volontiers vers l'Amérique du Nord, qu'elle visite une douzaine de fois, l'Amérique du Sud, d'où elle rapporte les souvenirs les plus mouvementés de sa vie. Elle pousse ses voyages plus loin encore, jusqu'en Australie. Sarah n'est pas la première artiste à autant circuler et à voir du pays. D'autres, avant elle, ont traversé l'Atlantique : Rachel, Caruso[1], Nellie Melba[2] ou Yvette Guilbert[3] se sont

1. Enrico Caruso (1873-1921). Ténor italien, il triomphe sur les scènes d'Europe et d'Amérique dans les rôles de ténor dramatique ou de ténor lyrique.
2. Helen Mitchell, dite Nellie Melba (1861-1931). Cantatrice australienne, elle étudia le chant à Paris avant de s'engager dans une brillante carrière internationale.
3. Yvette Guilbert (1867-1944) fut la plus célèbre « diseuse » de la fin du XIXe siècle. Elle interpréta les textes des paroliers du Chat Noir, dont Jean Lorrain, Maurice Donnay et Léon Xanrof, auteur d'une chanson satirique sur la maigreur de Sarah : *Le Petit Serpent de Sarah*.

produits à New York ou à Philadelphie. Si la chose n'est pas exceptionnelle, il n'en demeure pas moins que de tels déplacements, avec les moyens de l'époque, prenaient des mois entiers et exigeaient une logistique bien rodée. Le tourisme n'en est qu'à ses premiers balbutiements, même si l'évolution des moyens de transport, avec la révolution de la vapeur puis, plus tard, de la voiture et de l'aviation permet de gagner en vitesse et donc en temps. Il est amusant de constater que *Le Tour du monde en quatre-vingts jours* de Jules Verne paraît en librairie en 1872, c'est-à-dire l'année même où Thomas Cook[1] organise pour une riche clientèle la première croisière autour du monde. Désormais, les artistes ont la possibilité de donner à leur carrière une dimension internationale et, après avoir triomphé sur les plus prestigieuses scènes du monde, de rentrer chez eux pour y être accueillis en héros. Sarah comprend très tôt l'intérêt pour elle de se faire connaître à l'étranger. En 1879, après la malheureuse tournée londonienne, elle a démissionné, on s'en souvient, de la Comédie-Française et pris William Jarrett comme agent artistique. À ses amis, qui lui conseillent de refuser l'offre de l'Anglais d'aller chez les Yankees, ces « barbares » qui ne comprendront décidément jamais rien au théâtre, elle répond sèchement qu'elle a besoin de gagner de l'argent et que les Américains en regorgent. Il faut dire que les propositions de Jarrett sont alléchantes. « Nous n'avions jamais parlé chiffres, précise-t-elle dans ses Mémoires, et voici ce qu'il me proposait : cinq mille francs par représentation et la moitié de la recette en surplus de quinze mille francs. De plus, mille francs par semaine pour mes frais d'hôtel ; de plus, un Pullman[2] spécial pour mes voyages, contenant ma chambre, un salon dans lequel devait se trouver un piano, quatre lits pour mon personnel et deux cuisiniers

1. Thomas Cook (1808-1892). Entrepreneur anglais, il fonde un réseau international d'agences de voyages dont le siège est à Londres.
2. En 1865, G. M. Pullman inventait la première voiture-lit équipée d'une banquette-lit dépliable. Le Pullman devint vite synonyme de wagon confortable et luxueux.

pour me faire la cuisine pendant la route. Monsieur Jarrett toucherait dix pour cent sur toute somme perçue par moi... J'acceptai tout. J'avais hâte de quitter Paris. » Comment n'aurait-elle pas été séduite quand ses gages, jusqu'alors et dans le meilleur des cas, n'excédaient pas vingt mille francs par mois ? En misant sur cette étoile montante, Jarrett a tiré le bon numéro. Sarah est un filon d'or qu'il exploite à fond. Il gagnera beaucoup d'argent avec elle, mais elle aussi y trouvera son compte. Elle rentre quasi millionnaire de sa tournée de 1882, riche de cent quatre-vingt mille dollars-or, soit neuf cent mille francs-or. Mais l'argent lui file entre les doigts. Incapable de réduire ses dépenses, elle est contrainte de multiplier les tournées pour se refaire à chaque fois une santé financière. Elle doit supporter, en effet, les charges de sa maison, de ses toilettes, soutenir la prodigalité de son fils, renflouer sans cesse ses théâtres qui se révèlent être des gouffres sans fond. Et plus les tournées sont longues et plus elles la conduisent loin, plus les bénéfices qu'elle en tire sont importants. À un journaliste qui s'étonne de la voir toujours en instance de départ, elle se justifie ainsi : « Mais il le faut bien. Gagner par le théâtre beaucoup d'argent ailleurs, afin de le dépenser ici pour le théâtre. Ai-je une autre raison d'exister ? » L'écrivain Paul Morand se souvient d'avoir assisté, enfant, aux préparatifs de l'une de ces tournées qui mettaient, à chaque fois, en effervescence l'appartement de Sarah. « En cette journée de l'automne 1900, relate-t-il, je trouvai l'escalier de l'hôtel du boulevard Pereire encombré de grands paniers comme ceux qu'on voyait sous la guillotine de Bruant, de cartons, de malles de cabine, de valises à soufflets et on lisait sur les étiquettes : "Paquebot *La Lorraine*". Sarah partait le soir même. Clairin entrait, baisait les doigts rougis au henné de Sarah entourée d'ouvrières de chez Doucet qui travaillaient à genoux autour d'elle. "C'est la cinquième fois que Sarah va aux États-Unis, me disait mon père en hochant la tête ; personne n'aura gagné autant d'argent qu'elle et tu verras qu'elle mourra sur la paille" [un présage qui se vérifiera presque]. » La critique parisienne finit par se plaindre de ses absences répétées. « Paris l'a beaucoup aimée, l'aime encore et lui ouvre les bras, malgré toutes ses infidélités, mais il ne faut plus abuser de sa longanimité, la met en garde Henry Bauër[1] en 1897. Notre ville aussi est capricieuse et comme les enfants gâtés qui, las de jouer avec une poupée, la brisent et la rejettent, elle se fatigue de ses idoles, si elle croit que sous les apparences, il n'y a que du vent et du son. »

Sarah se laisse donc entraîner dans la spirale infernale des voyages épuisants, des représentations qui s'enchaînent les unes aux autres sans lui laisser le temps de souffler. Elle doit courir, toujours courir et toujours faire bonne figure devant son public ou la presse qui s'accroche désormais à ses basques. L'apprentissage de sa nouvelle condition de « star » ne se fera pas sans parfois de douloureuses expériences. Jusqu'ici, Sarah a vécu dans l'univers sophistiqué et raffiné de sa mère puis dans celui du théâtre. Dans son parcours initiatique, le premier contact avec le Nouveau Monde, son « melting pot », ses valeurs et ses coutumes sont donc une révélation pour elle. Et que serait l'Amérique sans son folklore indien qui a imprégné le courant romantique européen ? Au Canada, Sarah se rend dans une réserve d'Iroquois. Elle y découvre, hélas, une réalité bien différente et beaucoup moins idyllique que celle dépeinte dans les romans de Fenimore Cooper. Elle trouve le chef. Soleil des nuits, beaucoup trop occidentalisé à son goût, elle s'étonne qu'il ait renoncé à porter l'habit traditionnel de sa tribu, qu'il boive de l'eau-de-vie et joue au piano des airs à la mode[2].

Pour les candidats à la traversée de l'Atlantique, le dépaysement commence dès l'embarquement sur les luxueux paquebots des compagnies maritimes qui,

---

1. Henry Bauër (1851-1915). Journaliste et critique français, il milite en faveur du symbolisme, du Théâtre-Libre et de novateurs tels que Wagner et Ibsen.
2. À son retour en France, Sarah, qui n'a rien abandonné de ses rêves, réinventera toute l'histoire à sa manière.

depuis l'Europe, assurent la liaison avec New York: l'agitation sur les quais, le brouhaha de la foule, les cris d'adieu de ceux qui partent à ceux qui restent, amis agitant leur mouchoir depuis le quai, chaloupes d'approche ou passagers assis sur le pont en attendant qu'on appareille[1]. Après avoir longtemps négligé le confort à bord de leurs steamers, les compagnies rivalisent de luxe pour attirer une riche clientèle et lancent de véritables palaces flottants. Mais, à l'inverse de l'architecture terrestre du XIXe siècle qui veut que, dans les immeubles bourgeois, plus on monte dans les étages, plus on descend dans la condition sociale, sur les transatlantiques, les ponts supérieurs sont exclusivement réservés aux passagers de première classe, tandis que les émigrants (Irlandais, Allemands ou Italiens chassés de leur pays par la famine et le trop-plein démographique, Juifs d'Europe centrale ou de Russie fuyant les persécutions antisémites) s'entassent sur le pont des troisièmes classes. Le contraste est saisissant entre le luxe inouï des cabines (de véritables suites princières), des salons, des restaurants, des fumoirs des premières classes – dont les passagers ont accès en priorité aux canots de sauvetage – et les conditions rudimentaires d'hébergement proposées aux autres. En vérité, sans la clientèle des candidats à l'émigration, toujours plus nombreux, jamais l'exploitation de ces lignes n'aurait été rentable. Les plus miséreux, parqués comme des bestiaux en fond de cale, financent, en quelque sorte, les prestations somptueuses offertes aux premières classes. Sarah est agréablement surprise de trouver dans sa suite, sur *L'Amérique*, le paquebot qu'elle emprunte pour sa première traversée, un décor personnalisé à son chiffre (ses initiales entrelacées), une magnifique fourrure de Mongolie en guise de couvre-lit et toutes ses robes suspendues dans des armoires aménagées spécialement pour les recevoir. Mais les inégalités de traitement entre riches et pauvres

1. Plusieurs tableaux de James Tissot, peints dans les années 1880, donnent l'ambiance de ces départs de bateaux.

et la ségrégation sociale qui prévaut à bord ne lui échappent pas.

Elle s'indigne auprès du commandant du sort réservé à ces passagers de troisième ordre. « Je comprends, lui lance-t-elle, furieuse, la haine de ces émigrants que vous embarquez comme des bestiaux, que vous traitez comme des nègres et qui sont absolument certains qu'en cas de danger ce sont eux que vous sacrifierez ! » Elle s'insurge, et c'est dans son tempérament, contre une situation qu'elle juge moralement inacceptable. En Amérique, elle se frotte aux dures réalités sociales d'un capitalisme qui, faute d'une législation efficace, agit en toute impunité (l'État-providence n'est pas encore né), exploite, souvent sans grand scrupule, les classes laborieuses auxquelles il impose des conditions de travail et de vie qui les maintiennent dans une misère où fermentent des aspirations révolutionnaires. À Pittsburg, elle visite une aciérie et s'approche des fours incandescents et des cuves en ébullition dont la chaleur brûle les poumons des ouvriers. À Chicago, elle demande à voir les abattoirs ; saisie à la gorge par l'odeur abominable des bêtes et du sang, elle est horrifiée par cette « tuerie des porcs » qu'elle qualifie de « hoffmannesque ». En arrivant en Amérique, elle a l'impression de débarquer sur une autre planète. Le pays vit à un rythme et à une échelle qui n'ont leur équivalent nulle part : tout y est surdimensionné, aux proportions du gigantisme de cet État-continent dont la mise en valeur est à peine achevée dans les années 1880. Terre de pionniers et de contrastes, les États-Unis conjuguent tous les extrêmes.

Le contrat de Sarah avec Jarrett et l'imprésario américain prévoit non seulement des étapes à New York, Boston, Chicago, Philadelphie Montréal, mais aussi des arrêts à Saint Louis, Cincinnati, Mobile, Louisville. Au total, cent cinquante-six représentations seront données dans cinquante villes. Jarrett a inscrit au programme de la première tournée *La Dame aux camélias* (rebaptisée

Camille), Adrienne Lecouvreur, Hernani et évidemment *Phèdre*. Le « phénomène Sarah Bernhardt », habilement orchestré par l'imprésario, attire les foules.

Avec son train spécial[1], les déplacements de l'actrice prennent des allures de cirque ambulant. Huit tonnes de bagages, quarante malles. Sarah, en effet, ne saurait se contenter du nécessaire. Elle emporte avec elle le maximum d'objets personnels, y compris sa vaisselle et sa literie. Elle ne se sépare pas de ses domestiques ni de son cab à quatre roues. Jarrett veille au bon fonctionnement de cette entreprise de spectacle. Lors d'une autre tournée, il câble à un directeur d'hôtel de préparer « un salon avec deux chambres adjointes pour madame Bernhardt et son mari, monsieur Damala[2]. Une chambre pour madame Guérard, dame de compagnie. Une chambre pour les domestiques, hommes et femmes. » Ces tournées ne sont vraiment pas de tout repos et elles présentent de nombreux risques. Des arrêts intempestifs, des inondations, des attaques du train par des bandes de voleurs rendent les voyages très épiques. Faute de salle, la troupe doit souvent, comme à Dallas ou à Columbus, se contenter de chapiteaux qui se prêtent mal à des représentations théâtrales. Sarah joue même, sous la pression de l'opinion publique qui a eu raison de ses réticences, dans un pénitencier de Chicago. Elle écoute, crispée, les compliments que lui dévide, au nom des détenus, le prisonnier numéro 729, un condamné à mort qui sera exécuté le surlendemain !

Partout où elle passe, elle subit les assauts des photographes, des journalistes. La foule veut toucher ses vêtements, comme s'il s'agissait d'une idole, et lui réclame

---

1. Ce train fut mis à la disposition de Sarah à chacun de ses séjours en Amérique. Il comprenait un salon, une salle à manger, une cuisine et une chambre. À la longue, elle finit par s'en lasser. Lors des deux dernières tournées qu'elle effectua aux États-Unis, en 1910 et 1916, elle voyagea dans des wagons-lits qu'elle trouvait plus commodes.
2. Sarah épouse cet acteur au cours de la tournée de 1882. Elle vivra avec lui quelques années mouvementées, comme on le verra au chapitre V.

des autographes. Elle s'étonne de la curiosité des reporters qui lui posent des questions indiscrètes sur sa religion, sa vie privée, ses goûts culinaires, la mode de Paris. Elle se heurte aussi quelquefois aux ligues puritaines qui lancent l'anathème contre cette « pécheresse » et appellent le public au boycott de ses représentations. Jarrett l'a prévenue que le Nouveau Monde l'attendait avec plus de curiosité que d'admiration.

Elle découvre également que son nom alimente un commerce prospère. « On vend partout, remarque, étonnée, Marie Colombier[1], qui l'accompagne dans sa tournée, des cigares Sarah Bernhardt. Un parfumeur a lancé le savon *SB* et la poudre de riz de la même patronne. Les gantiers ont des gants, des épingles de cravates Sarah, toujours Sarah. » Son nom devient une marque ; il est décliné sur des gammes complètes de produits, des cosmétiques, des accessoires, de la lingerie… parce que l'image de Sarah renvoie au chic parisien et à sa fantaisie raffinée. Elle s'amuse, et parfois s'agace de l'exploitation « marketing » éhontée dont elle est l'objet. Jarrett voit là une source supplémentaire de profits ; il serait même prêt à vendre Sarah tout entière comme support publicitaire, en femme-sandwich, en quelque sorte. Un couturier de Boston se propose de lui faire gratuitement un costume, en contrepartie du droit d'annoncer qu'il a l'honneur de l'habiller. Un bijoutier de Saint Louis obtient son accord pour exposer, dans sa boutique, ses bijoux de scène, mais il s'est bien gardé de lui dire qu'il est aussi marchand de lunettes et de pipes. « Non, vraiment, je trouvai que cela dépassait les bornes de la réclame ; me faire fumer la pipe et porter des lunettes, c'était trop fort ! » Elle ne peut rien faire sans que le moindre de ses gestes soit aussitôt exploité. Un jour, elle a le malheur d'accepter de se laisser photographier en train d'arracher des fanons à une baleine échouée sur une plage près de Boston. Et aussitôt, des

1. Sarah a fait la connaissance de Marie Colombier au Conservatoire. Elle lui demande de remplacer sa sœur Jeanne pour sa première tournée américaine.

petits malins, voyant là une bonne aubaine, imaginent une attraction, en annonçant dans des encarts publicitaires : « Venez voir l'énorme cétacé que Sarah Bernhardt a tué en lui arrachant des baleines pour ses corsets. » Ces quelques dérapages qui la ridiculisent et lui causent quelquefois du tort sont la rançon de la gloire, la contrepartie, certes désagréable mais inévitable, de son succès.

Mais sa colère retombe vite, car la célébrité a aussi d'énormes avantages, outre l'argent qu'elle procure. Sarah prend plaisir à être adulée, surtout lorsque ses admirateurs sont des milliardaires, comme Commodore Vanderbilt, l'une des plus grosses fortunes de New York, qui assiste à vingt-trois de ses représentations au Booth Théâtre. Tous les soirs, Sarah le voit sortir son mouchoir. « Vous êtes la seule femme qui m'ait fait pleurer, lui avoue-t-il. Je voudrais vous faire un présent. Que désirez-vous ? » Et Sarah de lui faire cette réponse ô combien théâtrale : « Donnez-moi votre mouchoir ! » De retour à Paris, elle le fera encadrer et l'accrochera au mur de son boudoir parmi ses objets-souvenirs. De même noue-t-elle une amitié durable avec Theodore Roosevelt[1] dont elle fait la connaissance avant qu'il n'accède à l'investiture suprême, quand il n'est encore que gouverneur de l'État de New York. On lui présente Thomas Edison[2], l'inventeur du phonographe et de la lampe à incandescence : « J'étais transportée d'admiration pour les inventions de cet homme. Je restai charmée par sa grâce timide, pleine de courtoisie, et par son profond amour pour Shakespeare. » À sa demande, elle rencontre

---

1. Theodore Roosevelt (1858-1919). Député républicain, secrétaire adjoint à la Marine (1897-1898), il est élu gouverneur de l'État de New York, puis, en 1900, il devient vice-président des États-Unis. Il accède à la Maison-Blanche en 1901, après l'assassinat du président William McKinley, et est réélu en 1904.
2. Thomas Edison (1847-1931). Autodidacte et inventeur de génie, on lui doit notamment l'invention du phonographe et du microtéléphone en 1877, de la lampe électrique à incandescence en 1878, du kinétoscope en 1891. En 1898, il fonde l'une des premières sociétés de productions de films américaines, l'Edison Fil Co.

Hymen-vapeur, par André Gill.
Ama la bien aujourd'hui, car peut-être
Ni vous ni d'autr's a n'amara demain.
(Sur l'air connu : *Petits oiseaux*, ...)

Retour, par Guillaume.
(Le Gaulois, 1893.)

Sarah Bernhardt en tournée.

le poète Henry Wadsworth Longfellow[1], dont elle apprécie l'oeuvre, notamment *Hiawatha*, un poème à la gloire des Indiens. Elle aimerait faire son buste[2]; il refuse poliment mais il la complimente pour son interprétation de Phèdre. « J'avais vu Rachel dans ce rôle il y a cinquante ans, lui dit-il dans un français impeccable, mais vous la surpassez. Vous êtes magnifique car vous êtes plus vivante. » Émue par ses gentilles paroles, elle saute au cou du vieillard pour l'embrasser.

À quoi donc peut bien tenir le succès de Sarah dans une Amérique si réfractaire, au dire de certains, à l'art dramatique, quand, de surcroît, les pièces données en français échappent à la compréhension du plus grand nombre ? On a beau distribuer avant chaque représentation des livrets en anglais résumant l'intrigue, cela ne change rien au barrage de la langue. C'est si vrai qu'un jour, au lieu du résumé de *Phèdre* on distribue celui du *Sphinx* d'Octave Feuillet, et personne ne remarque l'erreur ! En fait, on ne vient pas applaudir un répertoire, on vient entendre une voix magique qui n'a pas son égale, on vient assister à un miracle qui se produit à chaque fois qu'elle entre en scène et qu'elle commence à déclamer, on vient applaudir une comédienne dont les gestes et les expressions du visage font à eux seuls vibrer d'émotion une salle entière. C'est pourquoi, à New York, lors des premières représentations d'*Adrienne Lecouvreur*, où Sarah n'apparaît qu'au deuxième acte, il faut retenir les spectateurs, mécontents de ne pas la trouver sur scène dès le lever de rideau, pour qu'ils ne partent pas.

En 1881, elle quitte l'Europe un peu comme une enfant terrible. Elle rentre de sa première tournée américaine auréolée d'une gloire nouvelle. Paris pardonne à celle qui a su conquérir le cœur des Américains ses

1. Henry Wadsworth Longfellow (1807-1882). Poète américain, il contribua à la diffusion de la culture européenne aux États-Unis. Sarah le rencontre quelques mois avant sa mort.
2. Sarah s'était déjà fait un nom comme sculpteur. Elle avait exposé ses premières œuvres au Salon de 1875.

caprices de femme, ses demi-échecs d'actrice. Ces Américains ? « Des gens tout à fait charmants, déclare-t-elle, dont le goût artistique se développe et se façonne. Ils aiment particulièrement le théâtre et sont beaucoup plus difficiles qu'on le croit généralement. » Pendant quarante ans, le même scénario se reproduit, presque à l'identique. Sarah annonce à la presse son projet de nouvelle tournée, elle prend pour plusieurs mois congé des Parisiens qui l'applaudiront ou la bouderont à son retour. Pour se faire pardonner, elle lancera des créations fracassantes, qui seront parfois des fiascos, avant de repartir à la conquête de nouveaux publics. « J'attire tous les fous et les détraqués », a-t-elle coutume de répéter pour plaisanter. Combien de fois a-t-elle failli mourir étouffée par la foule qui l'attend à la porte de son hôtel[1] ? Combien d'admirateurs éperdus se sont précipités sur elle armés de ciseaux pour couper des morceaux de sa robe ?

Encore qu'elle ne fasse pas partout l'unanimité. Elle s'est forgé une image « glamour » et « people » qui séduit bien davantage le grand public qu'elle ne satisfait vraiment l'exigence des critiques les plus « dans le vent ». À Saint-Pétersbourg, par exemple, en 1881, si elle triomphe auprès du tsar Alexandre III et de l'aristocratie russe, en revanche elle laisse plus circonspecte l'intelligentsia moscovite. Le jeune Tchekhov, critique au *Bulletin de Moscou*, écrit : « Nous sommes très éloignés d'admirer le talent de Sarah Bernhardt. C'est une dame très intelligente, qui sait ce qui produit de l'effet, qui a un goût grandiose, qui connaît le cœur humain et tout et tout [...] ; son but est de frapper, d'étonner, d'aveugler. »

D'une manière générale, elle soulève, il faut bien le reconnaître, plus de passions à l'étranger que dans son propre pays où les critiques ne la ménagent pas toujours. Elle fait les frais des caricaturistes qui la représentent

1. Les journaux rapportent qu'à Saō Paulo, pour aller de l'hôtel au théâtre, Sarah doit marcher sur un tapis d'hommes couchés d'admiration sous ses pieds.

sous la forme d'un balai ou d'un parapluie, faisant référence à sa minceur, qui se moquent facilement de la « Sarah libellule », de la Sarah « reine de la réclame », de la Sarah « sur terre, sur mer et dans le ventre des bêtes féroces ». Elle se sent incomprise chez elle. Les honneurs dont on la couvre hors de France, les débordements d'enthousiasme que son apparition provoque à l'étranger la consolent des méchancetés que les journaux satiriques hexagonaux répandent sur elle. Les Australiens ne l'ont-ils pas accueillie, lors de son arrivée à Sydney, par des coups de canon ? Il lui est tout aussi insupportable de voir sa vie privée étalée au grand jour. En 1884, meurtrie par tous les ragots répandus sur sa liaison avec Jean Richepin, elle interrompt ses représentations et se retire dans sa maison de Sainte-Adresse, près du Havre.

Mais ces attaques ne sont rien comparées à celles qui portent sur ses origines juives. Dès son premier passage au Français, elle reçoit des menaces ouvertement antisémites. « Mon pauvre squelette, l'avertit-on par lettre anonyme, tu ferais mieux de ne pas faire voir ton horrible nez juif à la cérémonie après-demain. » Ce nez, qui est la cible des caricaturistes, sa fortune, qui est dénoncée comme une « tare » des Juifs, inspirent les plus abominables campagnes de presse à son encontre. Elle en souffre et enrage, car, malgré sa célébrité, elle n'est pas plus épargnée que tous ses coreligionnaires par le vent d'antisémitisme venu de Russie et d'Europe centrale (à Odessa et à Kiev, elle a essuyé des volées de pierres) ou par les retombées de l'affaire Dreyfus qui envenime, au tournant du siècle, la société française. Elle prend le parti de Dreyfus contre son propre fils rallié au camp adverse, elle soutient Émile Zola au lendemain de la publication de son « J'accuse » dans *L'Aurore*[1]. Elle paie fort cher ses courageuses prises de position, mais, peut-être pour ne pas attiser davantage la haine des ligues antisémites, elle n'aime pas aborder la question de ses origines juives. À des étudiants catholiques qui lui demandent en 1894

1. Le 14 janvier 1898.

si elle est juive, elle répond : « Qu'est-ce que cela peut vous faire ? Je n'ai jamais voulu répondre à cette question, mais non, je ne suis pas juive. J'ai fait ma communion au couvent de Grandchamps. » Elle fait une réponse analogue à des journalistes américains. Mais n'est-elle pas en train de se renier ? C'est pourquoi, parfois, elle revendique haut et fort son appartenance au peuple élu. « Mon cher sang d'Israël, déclare-t-elle un jour, qui coule dans mes veines. » En 1873, répondant à des attaques antisémites, elle écrit fièrement : « Je suis fille de la grande race juive, et mon langage un peu rude se ressent de nos pérégrinations forcées. »

En la conduisant vers des contrées toujours plus lointaines, ses tournées lui permettent d'échapper à la dent féroce des humoristes. Elle trouve un réconfort auprès des publics américains ou australiens, plus aimables envers elle et peut-être aussi moins exigeants que le public français. Ce tournoiement permanent de voyages, cette agitation perpétuelle non seulement la guérissent des coups bas qu'on lui porte mais lui fournissent aussi l'oxygène que réclame sa nature généreuse.

C'est aussi pour elle l'occasion d'élargir son répertoire, d'explorer de nouveaux rôles. En 1891, à Cincinnati, elle crée par exemple *La Dame de Challant*, une intrigue médiévale signée de l'Italien Giacosa[1]. « Madame Sarah Bernhardt, relève-t-on dans la presse en 1897, au moment où elle s'apprête à entamer un nouveau périple européen, qui eût inventé le mouvement, si le mouvement n'avait pas été créé avant elle, était à peine de retour de Suisse, où elle vient de donner toute une série de brillantes représentations, qu'elle partait pour une destination nouvelle. »

Elle est particulièrement avide d'aventures inédites, car elle éprouve sans cesse le besoin de repousser toujours plus loin les frontières de son expérience. Sa soif d'origi-

1. Giuseppe Giacosa (1847-1906). Auteur dramatique italien, il essaya de libérer le théâtre italien des influences étrangères. Après avoir écrit des drames historiques, comme *La Signora di Challant*, il se tourne vers les drames réalistes sur des sujets modernes. Il a écrit, avec Illoca, le livret de *La Bohème*, l'opéra de Puccini.

nalité, de bizarre ou de pittoresque est insatiable. Elle redoute plus que tout la monotonie. Elle veut toujours se surprendre à faire quelque chose qu'elle n'aurait jamais imaginé de faire, à la fois par défi, mais aussi, et surtout peut-être, par la nécessité d'un renouvellement constant. Elle ne tient pas en place. Et si elle joue cent cinquante fois la même pièce, elle échappe au répétitif par des improvisations scéniques qui font qu'aucune représentation ne ressemble à la précédente. « Si vous saviez comme je suis contente de partir, confia-t-elle à un journaliste, partir, traverser la mer, courir sur les chemins de fer, voir des pays, des gens nouveaux. Et toujours l'imprévu... » Elle chasse l'élan dans le Grand Nord, le crocodile en Amérique du Sud ; à Rio de Janeiro, on lui dérobe son coffret à bijoux[1] ; à Panama, elle soigne les membres de sa troupe malades de la fièvre jaune et enterre le pauvre Jarrett, foudroyé par une crise cardiaque.

Cette fièvre de l'action animera Sarah jusqu'à son dernier souffle. Pour Edmond Rostand, elle est la « Dame d'énergie ». Jules Renard, plus méchamment, dit d'elle : « Elle vit trop pour avoir le temps de penser ou de sentir. Elle avale la vie. » Un critique renchérit : « Ce qui n'est pas paroxystique lui semble léthargie. » Cela est juste. Tous ceux qui l'ont connue ou l'ont suivie dans ses pérégrinations sont restés stupéfaits devant autant de vitalité, une telle force de travail. Et comme les journées ne suffisent pas toujours, elle emploie les nuits à apprendre l'anglais ou ses rôles, parce qu'elle est insomniaque.

Dans la préface de la brochure que lui consacre Jules Huret en 1900, Edmond Rostand, a mieux que personne exprimé la vertigineuse fébrilité de Sarah.

« Un cab s'arrête devant une porte ; une femme dans de grosses fourrures descend vite ; traverse la foule qu'amassa le seul grelot de son attelage, en lui laissant un sourire ; monte légèrement un escalier en colimaçon ;

1. Ce coffret contenait des bijoux de grande valeur, notamment une ceinture qu'elle retrouvera huit ans plus tard chez un antiquaire de Saint-Pétersbourg.

envahit une loge fleurie et surchauffée; lance d'un côté son petit sac enrubanné dans lequel il y a tout et de l'autre son chapeau d'aile d'oiseau; mincit brusquement à la disparition de ses zibelines; n'est plus qu'un fourreau de soie blanche; se précipite sur une scène obscure; anime de son arrivée tout un peuple pâle qui bâillait là dans l'ombre; va, vient, enfièvre tout ce qu'elle frôle; prend place au guignol, met en scène, indique des gestes, des intonations; se dresse, veut qu'on reprenne, rugit de rage, se rassied, sourit, boit du thé; commence à répéter elle-même; fait pleurer, en répétant, les vieux comédiens dont les têtes charmées sortent de derrière les portants; revient à sa loge où l'attendent des décorateurs; démolit à coups de ciseaux leurs maquettes pour les reconstruire; n'en peut plus, s'essuie le front d'une dentelle, va s'évanouir; s'élance tout d'un coup au cinquième étage du théâtre, apparaît au costumier effaré, fouille dans les coffres d'étoffes, compose des costumes, drape, chiffonne; redescend dans sa loge pour apprendre aux femmes de la figuration comment il faut se coiffer; donne une audition en faisant des bouquets; se fait lire cent lettres, s'attendrit à des demandes, ouvre souvent le petit sac tintant où il y a de tout[1]; confère avec un perruquier anglais[2]; retourne sur la scène pour régler l'éclairage d'un décor, injurie les appareils, met l'électricien sur les dents; se souvient en voyant passer un accessoiriste d'une faute qu'il commit la veille et le foudroie de son indignation; rentre dans sa loge pour dîner; s'attable magnifiquement blême de fatigue, en faisant des projets; mange avec des rires bohémiens; n'a pas le temps de finir; s'habille pour la représentation du soir pendant qu'à travers les rideaux le régisseur lui raconte des choses; joue éperdument; traite mille affaires pendant les entr'actes; reste au théâtre le spec-

1. Sarah n'a jamais utilisé de chèques. Elle se fait toujours payer en billets qu'elle conserve dans un sac en peau de chamois qui ne la quitte pas et dont Mme Guérard a la garde.
2. Il s'agit de William Clarkson, que Sarah appelle « le Bonaparte des perruquiers et le Napoléon des costumiers ».

tacle terminé pour prendre des décisions jusqu'à trois heures du matin ; ne se résigne à partir qu'en voyant tout le personnel dormir respectueusement debout ; remonte dans son cab ; s'étire dans ses fourrures en pensant à la volupté de s'étendre, de se reposer enfin ; pouffe de rire en se rappelant qu'on l'attend chez elle pour lui lire une pièce de cinq actes ; rentre, écoute la pièce, s'emballe, pleure, la reçoit, ne peut plus dormir, en profite pour étudier un rôle... »

Errante, Sarah l'aura donc été tout au long de sa carrière, mais avec quelle vigueur, quelle passion dévorante de la vie ! Partout où elle est passée, les souvenirs éblouis qu'elle a laissés ont sans nul doute contribué à la longévité de sa renommée. Une renommée qui doit autant à son talent qu'à sa personnalité, au luxe de ses toilettes, à la fantaisie de ses lubies, à l'énergie farouche qu'elle dispensait dans son sillage.

CHAPITRE IV

« Un beau brin de fil »

« Un beau brin de fil. » Ce bon mot d'Alexandre Dumas[1], un tantinet railleur, nous renvoie à la minceur proverbiale de Sarah, dont la silhouette ne correspond guère aux canons de beauté en vigueur à l'époque.

Les premières photographies en pied des célébrités du Second Empire ont laissé l'image de femmes à la taille courte, dissimulée sous de lourds vêtements qui les engoncent. Telle nous apparaît la comtesse de Castiglione[2], dans ses visions d'elle-même soigneusement mises en scène. La mode, législatrice absolue, régente les convenances en matière d'habillement. Si les décolletés révèlent, le soir, de merveilleuses épaules qui font se pâmer les hommes, les femmes, elles, subissent le martyre du corset que leurs caméristes ont mission de serrer au maximum. Rappelons-nous la scène d'*Autant en emporte le vent* où Scarlett s'agrippe au montant du lit, tandis que « Mama » tire de toutes ses forces sur les lacets du corset. Quant à la crinoline, dont le règne fut assez court, objet de raillerie et fort peu esthétique, elle a ses défenseurs. Théophile Gautier, notamment, qui, dans *De la mode*, prend le contre-pied de toutes les cri-

1. En réponse à Émile Augier, qui trouve que Sophie Croizette est « un beau brin de fille ».
2. Voir le catalogue de l'exposition *La Comtesse de Castiglione par elle-même*, sous la direction de P. Apraxine et X. Demange, en collaboration avec F. Heilbrun, Paris, RMN, 1999.

tiques et fait, par une savoureuse analyse, l'apologie de cette robe ample et bouffante :

« Mais la crinoline, allez-vous dire ? Les jupes cerclées, les robes à ressorts qu'on fait raccommoder comme des montres par l'horloger lorsqu'elles se détraquent, n'est-ce pas hideux, abominable, contraire à l'art ? Nous ne sommes pas de cet avis. Les femmes ont raison qui maintiennent la crinoline malgré les plaisanteries, les caricatures, les vaudevilles et les avanies de toute sorte. Elles font bien de préférer ces jupes amples, étoffées, plaisantes, largement étalées à l'œil, aux étroits fourreaux où s'engainaient leurs grand-mères et leurs mères. De cette abondance de plis qui vont s'évasant comme la fustanelle d'un derviche tourneur, la taille sort élégante et mince. Le haut du corps se détache avantageusement, toute la personne pyramide d'une manière gracieuse. Cette masse de riches étoffes fait comme un piédestal au buste et à la tête, seules parties importantes, maintenant que la nudité n'est plus admise. »

Le critique Henry Bauër, lui, en 1894, pourfend l'usage du corset qu'il compare à un instrument de torture. « La plupart des femmes, écrit-il, afin de s'amincir et de s'allonger la taille, pour réaliser ce bipède charmant qu'est la Parisienne, ont accoutumé de se broyer la taille dans des corsets. Ainsi ligotées, elles ne peuvent ni marcher, ni s'asseoir, ni respirer, ni manger, et plus d'une porte, dans les striures de sa chair macérée, les stigmates de ce martyre. »

Longues, ces citations le sont un peu, sans doute, mais comment résister au plaisir de laisser couler ces phrases dont le lyrisme et la grandiloquence nous ramènent au théâtre. Et c'est d'autant plus intéressant que Sarah n'a qu'un souhait, se débarrasser du corset, bien avant que le couturier Paul Poiret n'en impose le diktat. Cet abandon, pense-t-elle, libérera le mouvement, donnera de la légèreté à la marche, de la flexibilité au buste et de l'élasticité au corps.

À trop avoir en tête les portraits de Sarah, femme mûre et épanouie, photographiée dans les années 1900, toujours bien droite, coiffée de chapeaux, couverte de fourrures et de bijoux, on en viendrait presque à oublier que la jeunesse de l'actrice s'est passée sous le Second Empire. Pourtant, au hasard des trouvailles, dans de vieux journaux ou dans des éditions anciennes de Souvenirs et de Mémoires, sur quelques rares daguerréotypes, on saisit ici l'image d'une Sarah enfant, aux cheveux déjà rebelles, tenant la main de sa mère, là celle d'une Sarah qu'on croirait sortie d'un roman de la comtesse de Ségur avec les cheveux sagement bouclés sous une coiffe à rubans, ou encore d'une Sarah adolescente, vêtue d'un manteau ou d'une robe d'intérieur à crinoline, au visage triste et languissant.

La mère et la fille se disputaient sur la manière de s'habiller, surtout lorsque Judith, qui voulait que Sarah ait l'air « comme il faut », lui imposait les tenues qu'elle devait porter. On se rappelle la robe de soie noire que Judith lui a fait confectionner pour son audition devant le jury du Conservatoire et combien elle s'était sentie mal à l'aise dans cet accoutrement[1]. « On avait aplati ses cheveux avec de l'huile, rapporte Lysiane Bernhardt, la petite-fille de la comédienne, on les avait relevés, découvrant ainsi les oreilles qu'elle avait grandes et plates. » Judith avait voulu la faire belle, et elle n'était parvenue qu'à la rendre ridicule[2]. Autant la mère était petite et ronde (environ un mètre quarante), autant la fille semblait grande et mince avec son mètre soixante-cinq et sa silhouette filiforme. Elle ne paraissait pas en bonne santé et l'on redoutait même qu'elle eût contracté la tuberculose, comme sa sœur Régina. Or, à l'époque, la maigreur était synonyme de laideur. « Elle n'est vraiment pas jolie », lance tout à trac son parrain Paul Régis,

1. Dans la *Revue théâtrale* d'août 1903, un critique s'insurge contre cette coutume qui oblige les postulants à porter l'habit ou la robe plissée soleil au lieu « du péplum d'Œdipe, des frusques de dom César ou des falbalas de la Pompadour ».
2. La même angoisse se reproduisit pour sa réception à la Comédie-Française. Judith l'habilla en dame, avec une robe vert chou ornée de grecques de velours noir. « J'avais l'air d'un singe », dira Sarah.

le jour de l'entrée de sa filleule au Conservatoire. Francisque Sarcey s'était lui-même interrogé sur sa beauté, après l'avoir vue en 1871 dans *Jean-Marie*, une pièce d'André Theuriet[1] : « Est-elle jolie ? On n'en sait rien. Elle est maigre de corps et de visage triste. Mais elle a la grâce souveraine, le charme pénétrant, ce je ne sais quoi. C'est une artiste de nature, une incomparable artiste. » Il est vrai que le mot beauté n'est sans doute pas le plus approprié pour définir le charme qui émane de la personne de Sarah. Sa taille élancée, ses yeux de forme allongée, allant du bleu lin au bleu-mauve, sa chevelure mousseuse retiennent l'attention et captivent. Ses portraits par Nadar, quand elle n'a que seize ans, drapée à l'antique ou enveloppée dans une sorte de burnous, dans leur simplicité et leur force psychologique, font dire à Jean-Louis Vaudoyer[2] : « On ne peut plus regarder qu'elle, ému d'une admiration qui, par les yeux, va toucher le cœur et le fait battre presque amoureusement. »

Convaincue que sa maigreur est un handicap – on ne cesse de le lui répéter –, Sarah porte, à quinze ans, pour cacher un corps trop fluet dont elle a honte, des robes trop longues et glisse des rembourrages sous son corsage. Elle a pourtant une jolie poitrine, qu'elle ose exposer à l'indiscrétion d'un objectif, vers 1880, le visage pudiquement dissimulé derrière un éventail. Cette minceur qui la préoccupe tant (ainsi que les journalistes et les caricaturistes) est indissociable de sa personnalité. Elle finit par l'accepter, puis par la revendiquer. « J'aime ma silhouette maigre », déclare-t-elle vers la quarantaine, et même elle combat les kilos superflus. Elle s'interdit de boire de l'alcool et chipote à table sous prétexte d'un appétit d'oiseau. Elle soigne sa ligne tout en culti-

1. André Theuriet (1833-1907). Littérateur français, il publie d'abord des recueils de poésie puis quelques romans (*Nouvelles intimes* en 1870, *Raymonde* en 1877). *Jean-Marie*, drame en un acte et en vers, a été représenté à l'Odéon en 1871. Il collabore également au *Moniteur*, au *Musée universel* et à *L'Illustration*.

2. Jean-Louis Vaudoyer (1883-1963). Romancier, critique d'art, il fut administrateur de la Comédie-Française de 1941 à 1944. Élu à l'Académie française en 1950.

vant l'image évanescente de la « Divine », que son ascèse personnelle préserve de toute tentation sybaritique.

De la sorte, elle entretient une androgynie qui lui permet de jouer des rôles de travesti jusqu'à un âge avancé. Dans sa jeunesse, elle est le Chérubin du *Mariage de Figaro* ou le page Zanetto du *Passant*. À quarante ans passés, elle interprète Lorenzaccio. Vêtue d'un pourpoint et les jambes gainées de collants, elle a conservé une silhouette de jeune homme. Et c'est à cinquante-six ans qu'au sommet de sa popularité, les cheveux coupés court, sanglée dans un uniforme autrichien dessiné par Paul Poiret, elle se produit dans le rôle du duc de Reichstadt de *L'Aiglon* d'Edmond Rostand. Elle répète en costume masculin pour penser comme un homme. Elle n'a jamais autant fait illusion, et l'on dit même qu'elle n'a jamais paru si jeune[1].

Sa quasi-anorexie ne l'empêche toutefois pas de fort bien se régaler, notamment avec des timbales de ris de veau aux pâtes fraîches, liées par une purée de foie gras agrémentée de lamelles de truffes, qu'elle se fait livrer par Escoffier[2]. Tous ceux qui ont été ses hôtes, soit à Paris, soit dans sa maison de Belle-Île, en Bretagne, s'accordent à louer la profusion et la qualité des mets qu'elle fait préparer par son cuisinier[3]. « Homards, perdreaux, faisans, se succédaient avec une ordonnance parfaite, se souvient Cécile Sorel. Sarah ne toucha à rien, sauf à un ortolan qu'elle déclara un peu saisi. Pour en faire la

1. En 1900, *L'Aiglon* marque le sommet de sa popularité. Les photographies qui la représentent de profil, vêtue de l'uniforme blanc, ceinturée d'or, vont faire le tour du monde. Cette image sera reproduite en statuettes, en médailles, sur des éventails et même sur des tablettes de nougat toujours commercialisées. En 1915, à Mary Marquet, qui la remplace dans ce rôle, elle donne le conseil suivant : « Ne te dandine pas. Quand tu es debout, reste les jambes écartées, comme les hommes. »

2. Auguste Escoffier (1846-1935). L'un des grands chefs de la cuisine française, il contribua à son renom international.

3. C'est un luxe qu'elle s'octroie lorsque, même ruinée, elle offre pour ses soixante-quinze ans à Paris un grand dîner auquel participe Cécile Sorel.

critique, elle appela son énorme chef qui apparut vêtu de blanc. Elle déclara, fixant l'oiseau minuscule : "Il a cuit une demi-seconde de trop et vous savez que je ne me nourris que d'ortolans, et encore, je n'en mange que le cœur ! Cette demi-seconde est une tragédie ! Je suis réduite à la famine." »

Est-ce par goût, par souci d'une bonne hygiène alimentaire ou à cause de son obsession de grossir qu'elle s'impose un régime presque entièrement végétarien ? Le matin, au petit déjeuner, elle se contente d'un jus d'orange – habitude qu'elle a prise en Amérique – accompagné d'un petit pain et d'une tasse de thé léger. À midi, elle déjeune d'une omelette ou d'un filet de poisson et de fruits. Elle s'interdit le fromage, jusqu'à sa trente-quatrième année, parce qu'il offenserait son sens esthétique ! Elle se rattrapera par la suite sur le gruyère et le pont-l'évêque ! À cinq heures, c'est une flûte de champagne. « L'effet de la mousse champenoise agissait sur elle de façon merveilleuse », remarque Escoffier[1]. À sept heures, un œuf soufflé ou quelque chose de léger suffit à lui caler l'estomac. La tasse de thé fait partie du cérémonial de Sarah, elle en boit à longueur de journée, surtout lorsqu'elle répète.

Elle s'habille de manière à souligner sa minceur. Une fois libérée de l'emprise de sa mère et de ses exigences vestimentaires, elle adopte définitivement un style propre à mettre en valeur sa silhouette : des manches longues et collantes, un corsage ajusté, souvent orné d'une touffe de fleurs, une taille marquée, un col montant, une jupe évasée vers le bas et souvent tournoyante. L'ensemble dessine une ligne souple et harmonieuse, presque ondulante, que le compositeur Reynaldo Hahn qualifie de « sarabernhardesque ». Le corps n'est que tissu, mais les étoffes ne cachent pas les formes. Sarah dissimule la maigreur de ses bras et met habilement en valeur la finesse de sa taille. Et puis, sage précaution

---

1. Sarah adorait le champagne. En tout petit comité, et contrairement à ses habitudes, elle ne se privait pas de boire, pendant les repas, sa demi-bouteille – c'est du moins ce que rapporte Escoffier.

pour devancer les effets de l'âge, elle ne sera pas obligée en vieillissant de trouver, comme souvent les femmes coquettes, des artifices pour ne pas montrer sa peau flétrie.

« La mode, dit-elle, je m'en fiche. » Celle qu'elle adopte s'accorde avec les robes « postcrinolines » pourvues d'une « tournure » dont l'ampleur est rassemblée en pouf dans le dos. Les robes du soir ont une traîne que Sarah fait s'enrouler autour des chevilles en forme de spirale. Clairin, Spindler ou La Gandara la peignent vêtues de ces tenues si caractéristiques de son style, accentué encore par la pose sinueuse qu'elle prend. *L'Art et la Mode*, une revue féminine de l'époque, encourage ses lectrices à corriger la mode, sous peine de tomber dans le ridicule ; elle les incite à s'habiller de façon originale, tout en restant dans l'inspiration du moment. Et de citer en exemple Sarah Bernhardt et la belle madame G*** (anonymat oblige) : « Toujours, elles se sont habillées comme personne, coiffées comme personne. Leurs bijoux sont originaux, bizarrement placés et tout le monde admire leur grâce, le charme de leur personne autant que leur beauté. »

Sarah a parfois de ces audaces vestimentaires à faire frémir d'indignation la première Mme Verdurin venue. Elle porte de hautes bottines de cuir boutonnées avec une robe ordinaire. Elle fait incruster des bijoux dans ses pantoufles, elle fixe sur sa coiffure de soirée un toupet de plumes d'autruche. Non, elle ne suit pas la mode, elle la conduit. Des maisons de couture commercialisent des modèles reproduisant les costumes dessinés pour ses spectacles. Plument, au 33, rue Vivienne, lance en 1883 la tournure dite « à la Froufrou ». « Froufrou ? Une porte qui s'ouvre et tout le long de l'escalier, un bruit de jupe qui glisse et descend comme un tourbillon[1]. » Et que dire de la traîne Fédora, faite de fines dentelles ? Sinon que, « faisant

1. Froufrou, surnom donné à l'héroïne Gilberte dans la pièce éponyme. Ces mots sont ceux que prononce Valréas, le prétendant de Gilberte, au Ier acte.

balayeuse, placée directement sous la robe, elle se complète par un jupon trotteur garni également de dentelles, ce qui fait un coquet juponnage et dans des prix abordables ».

Cinq ans plus tard, en 1888, le genre Tosca fait fureur. Sarah vient de créer la pièce de Sardou. On remarque sa robe en crêpe de chine rose, brodée d'un semis de boutons de roses formant guirlande autour du corsage, une ceinture de gros-grain mousse nouée sur le côté, un chapeau à plumes et une haute canne enrubannée. On baigne dans l'ambiance Premier Empire. Dans le domaine des nouveautés, au sens de « nouveautés parisiennes », il en résulte des corsages croisés, de petites manches bouffantes accompagnées d'une écharpe de genre byzantin (*sic !*). Frivoline, qui signe la chronique mode dans *L'Art et la Mode*, rend à Sarah le mérite qui lui revient en matière d'élégance : « Sarah a montré à toutes nos belles coquettes comme on peut être élégante et jolie avec la taille sous les bras, les manches à bouffettes, les longues ceintures flottantes. Ces costumes de la Tosca ont une séduction sans pareille et toutes les femmes rêvent de s'y montrer, élégantes, sveltes, avec la belle, l'incomparable Sarah. »

Comme la plupart des actrices, sans cesse en représentation, Sarah est quasiment obligée d'avoir des armoires pleines de toilettes. Elle ne part jamais en tournée sans un minimum de quarante malles. Ses tenues de ville, ses chaussures et ses chapeaux lui sont en partie offerts par les marchands et les couturiers qui misent sur sa célébrité pour faire leur publicité. Pourquoi refuserait-elle de renouveler sa garde-robe à si bon marché, quand de telles pratiques sont monnaie courante en Amérique et que tout le monde y trouve son compte ? Il n'existe pas encore de contrat d'exclusivité liant une « star » à une marque prestigieuse (haute couture, parfum, joaillerie) comme c'est le cas de nos jours. Mais il y a fort à parier que si Sarah avait connu la publicité moderne, elle se serait vendue comme « top model », tout en gardant, c'est certain, le contrôle de l'exploitation « marketing » de son image et de son nom.

Son élégance, son originalité, sa minceur exercent, à l'évidence, un pouvoir de séduction sur les femmes. C'est d'ailleurs l'une des raisons principales de son succès aux États-Unis. Lors de son premier séjour à New York, l'ouverture de ses malles à la douane ne passe pas inaperçue. Les deux couturières appelées à la rescousse pour en faire l'estimation découvrent, stupéfaites par tant de splendeur, les vingt-cinq robes signées du couturier Laferrière. « Quelle magnificence, quel luxe ! s'exclament-elles, presque indignées. Toutes nos clientes vont vouloir des robes comme ça, nous ne pourrons jamais les faire ! Cela va nous ruiner, nous pauvres couturières américaines. » La prédiction se confirme. Les riches New-Yorkaises cherchent à rivaliser d'élégance avec Sarah, qui devient une sorte d'ambassadrice malgré elle de la mode française. En son honneur, les dames « wasp » arborent leurs plus belles toilettes. Interrogée par un journaliste sur la manière des Américaines de s'habiller, Sarah conseille à celles-ci d'abandonner le corset et surtout de rester fidèles à elles-mêmes en ne se laissant pas influencer par la mode européenne. Sarah met trop de soin à composer son propre style, qui est l'expression profonde de sa personnalité, pour imaginer un instant qu'il puisse convenir à l'ensemble des femmes. Et peut-être finalement qu'au fond d'elle-même, se sachant unique et jalouse de son originalité, elle n'y tient pas trop.

Elle se fournit chez les plus grands couturiers parisiens. Charles-Frédéric Worth[1], fournisseur attitré de l'impératrice Eugénie, lancé par la princesse Pauline de Metternich, après avoir habillé Judith, habille Sarah. Son fils a pris la relève ; la renommée de la maison Worth, installée rue de la Paix, écrase celle de ses concurrents, les Laferrière, les Félix, les Morin-Blossier. Sarah les fait tous travailler, ils lui confectionnent ses

1. Charles-Frédéric Worth (1825-1895).

tenues de ville et ses costumes de scène, mais sa préférence va indiscutablement à Doucet. Homme délicat et raffiné, amateur d'art éclairé, Jacques Doucet[1] compte de nombreuses actrices parmi ses clientes, notamment Réjane. Quand quelqu'un s'extasie devant elle sur la somptuosité d'un tissu ou d'une broderie, Sarah répond, comme une évidence : « Mais c'est du Doucet. » Elle le regarde comme le plus talentueux de tous, un vrai magicien de l'étoffe, de l'habit. Elle est son inspiratrice, mais elle ne se prive pas non plus de lui chiper ses idées. À un ami qui remarque sur elle une robe nouvelle, elle avoue : « Elle est jolie, n'est-ce pas ? C'est Doucet qui l'a faite, ou plutôt non, c'est cette femme-là [elle montre Dominga, sa fidèle femme de chambre] qui l'a faite avec deux robes de Doucet. »

C'est plus fort qu'elle, elle ne peut s'empêcher d'apporter sa touche personnelle à tout ce qu'elle porte, comme elle retouche tout support de son image. Ne s'aimant pas sur telle photographie, sous prétexte qu'elle la rapetisse, elle dessine à l'encre une frange au bas de sa robe et ajoute une plume à son chapeau ! En toute circonstance, elle se comporte en actrice et en artiste peintre ; dans son intérieur comme dans sa vie publique (ne parlons pas du théâtre), elle se met continuellement en scène et prend la pose comme si elle s'autoportraiturait constamment. Assurément, elle a perdu le sens du naturel et elle théâtralise son existence : tout – vêtements, bijoux, chapeaux, chaussures, coiffures, attitudes, gestes, conversations – n'est chez elle que décors, accessoires ou répliques d'une pièce, *Sarah Bernhardt*, dont elle tiendrait le rôle-titre et qu'elle ne cessera jamais d'interpréter.

C'est si vrai que, même surprise par un visiteur inattendu dans son intimité, dans ses robes fourreaux ou ses déshabillés amples, elle a toujours l'air d'« un palais de Venise doré et pavoisé[2] ». Reynaldo Hahn, qui n'avait

---

1. Jacques Doucet (1853-1929). Amateur d'art et couturier, ses collections de peintures, de mobilier et d'objets d'art du XVIIIe siècle le mettent au rang des grands collectionneurs.
2. L'expression est de Jean Lorrain.

pas besoin de se faire annoncer, la découvre, un jour qu'il entre chez elle, « assise sur le grand divan, en blanc, sans chaînes et avec peu de bijoux ». À l'échelle de Sarah « peu de bijoux » signifie – Hahn les énumère : une petite broche composée d'une perle noire, deux bracelets formés de trois chaînettes et qui s'enroulent chacun autour de ses bras, quelques bagues dont une longue opale entourée d'un grillage de diamants (on croirait lire l'inventaire après décès de l'impératrice Joséphine, morte en 1814, qui possédait le plus extraordinaire écrin privé qu'aucune souveraine eût jamais rassemblé).

Ce monde rayonnant de métal et de pierre
Me ravit en extase, et j'aime à la fureur
Les choses où le son se mêle à la lumière

… aurait dit Baudelaire.

Le jaune d'or et le vert passé sont parmi les couleurs préférées de Sarah, mais aucune n'a autant sa préférence que le blanc. D'où son horreur de porter du noir. Dans la symbolique des couleurs, le blanc – *candidus* – est celle du « candidat », c'est-à-dire de l'être qui va changer de condition ou d'état. Le blanc est aussi primitivement la couleur de la mort et du deuil. Il nous ramène donc doublement, par le champ symbolique, à la Sarah actrice, avec son jeu de métamorphose permanent, et à la Sarah aux penchants morbides. Elle revêt une robe de satin blanc pour recevoir les représentants de la presse à San Francisco, c'est de blanc qu'elle s'habille à l'occasion de l'hommage qui lui est rendu le 9 décembre 1896[1], c'est couverte d'une sorte de péplum blanc qu'elle arrive aux répétitions de *Lucrèce Borgia* en 1911. Et les fleurs, pour lesquelles elle confesse un amour immodéré, lui servent à rehausser

1. Elle porte ce jour-là une robe blanche « dont une longue traîne garnie de dentelles d'Angleterre, brodée d'or et bordée de chinchilla, la suivait comme un long serpent docile et gracieux sur les marches de l'escalier ».

de couleurs la grande toile blanche dont elle rêve de tisser sa vie. Elle remplit sa loge ou son appartement de bouquets, elle épingle volontiers sur son corsage ou sur sa blouse une orchidée, un hortensia ou un œillet[1].

Sarah, c'est aussi une tête émergeant d'une pyramide de fourrures. Parce qu'elle est frileuse, elle s'enveloppe dans des plaids de peau d'ours ou dans des manteaux en ocelot, en castor ou en chinchilla. En cette fin de siècle, la fourrure, à l'initiative de Victor Révillon, a fait son apparition dans les rayons des grands magasins. Mais, les belles peaux sont d'un prix si exorbitant qu'on se contente, en général, de les utiliser comme garniture aux cols et aux poignets ou en manchons et toques. Seules les clientes les plus fortunées, comme Sarah, s'en couvrent de la tête aux pieds. Sarah a grandi dans le luxe, et maintenant qu'elle est immensément riche, elle peut s'offrir – ou se laisser offrir – les choses les plus belles, les plus rares, les plus coûteuses. Est-elle seulement capable de refréner ses achats ? Elle dépense sans compter, contracte des dettes, recourt parfois au mont-de-piété, met au clou quelques précieux bijoux ou fourrures, le temps de se renflouer. Et le plus étonnant, c'est qu'elle semble assez peu attentive à conserver les trésors qu'elle accumule, comme si toutes ces choses n'avaient d'importance que sur le moment, qu'elles participaient d'une sorte de jouissance éphémère. Combien de bijoux, perdus ou volés, disparaissent ainsi sans qu'elle y prenne vraiment garde ? Citons le bracelet orné de la larme de diamant envoyé par Victor Hugo, ou les deux broches en diamants, l'une présent de Napoléon III, l'autre du tsar Alexandre III.

1. Le choix d'une fleur emblématique est d'ailleurs une mode dans le « monde ». Robert de Montesquiou adopte l'hortensia, Jean Lorrain l'iris noir et Oscar Wilde le tournesol. Pendant des années, Sarah recevra régulièrement de deux admiratrices anonymes des bouquets d'œillets et d'orchidées. Elle porte aussi des camélias – la Dame oblige ! À partir de *L'Aiglon*, les violettes deviennent ses fleurs fétiches.

En 1883, à la suite de la faillite du théâtre de l'Ambigu entraînée par la gestion catastrophique de Maurice, elle est contrainte de mettre en vente une partie de son écrin. Actrices, demi-mondaines, femmes du monde se partagent ses colliers, ses broches, ses bracelets, ses pendentifs en rubis, en émeraude, en saphir, en œil-de-chat, dont quelques pièces rares du XVIIIe siècle. Elle pourrait ressentir de l'amertume à se défaire de ses bijoux, mais elle n'en montre rien, car il lui importe de régler au plus tôt ses créanciers afin de rebondir vers de nouvelles aventures théâtrales. L'argent n'est pas le moteur de sa vie, il ne sert qu'à alimenter sa passion dévorante du théâtre.

Faire de sa vie une œuvre d'art, assurément, telle semble être la démarche de Sarah. D'où son archarnement à se faire reconnaître comme artiste complète, mais aussi, dans la droite ligne de l'enseignement d'Edward Gordon Craig, sa détermination à imposer l'acteur comme créateur d'un spectacle total. On a vu avec quelle application et quel souci du détail elle régente son théâtre, conçoit et organise la production de ses pièces dans leur globalité, tour à tour metteur en scène, décorateur, producteur (elle finance elle-même les spectacles qu'elle monte) et costumière. Et c'est assurément dans le domaine du costume de scène qu'elle donne la pleine mesure de son exubérante créativité.

À l'époque de Sarah les costumes de scène, du moins ceux utilisés dans les drames historiques, sont fournis par les théâtres, tandis que les accessoires restent à la charge des acteurs, qui doivent également se procurer leurs tenues de ville ou leurs tenues de soirée pour les pièces contemporaines, comme les vaudevilles. La direction concède toutefois une petite dotation aux comédiens débutants ou aux éternels seconds et troisièmes rôles, dont les appointements, trop chiches, ne suffisent pas à couvrir de tels frais. Quand, en 1869, Sarah se produit aux Tuileries dans *Le Passant*, elle doit, comme l'usage l'exige, faire refaire son costume, car l'Odéon ne prête pas ceux du théâtre pour jouer à l'extérieur, même devant l'empereur et l'impératrice[1].

Dès qu'elle recouvre sa liberté, après avoir démissionné de la Comédie-Française en 1880, et qu'elle monte sa propre compagnie, elle va travailler avec beaucoup de soin à la conception et à la fabrication de ses costumes. Elle prend conscience que la manière de se mouvoir sur scène, la gestuelle sont des éléments de séduction au moins aussi essentiels que la voix, la diction et l'interprétation. Et elle réussit pleinement à maîtriser l'art du geste et de l'attitude. On admire son air de princesse de conte, sa sveltesse, la souplesse féline de son corps dont elle joue à merveille. « Elle se livre vraiment tout entière, rapporte Jules Lemaitre. Elle étreint, elle enlace, elle se pâme, elle se tord, elle se meut, elle enveloppe l'amant d'un roulement de couleuvre. »

Elle considère que les costumes doivent habiller l'acteur avec toute l'exactitude et la profusion de luxe qu'exige le rôle. Il s'agit d'entretenir l'illusion et de transporter le spectateur vers les sommets de la beauté. « Ainsi, quand je représente une reine, explique Sarah, je me suggestionne bien plus l'idée de majesté et de

1. Sarah elle-même, une fois directrice de théâtre, conclut avec les comédiens qu'elle engage des contrats aux clauses assez draconiennes, par exemple celui qu'elle signe avec Arsène Durec en 1905, par lequel l'acteur s'oblige :
« – À se fournir intégralement les costumes de nos jours, autrement appelés habits de ville, toutes les parties d'habillement, gants, chaussures, coiffures et accessoires, tels que : bijoux, cannes, ombrelles, etc., sans aucune exception, et sans pouvoir exiger aucun habit du magasin. Ces costumes de ville seront toujours composés et arrêtés d'accord avec la direction. Ils devront être complets et mis à la répétition générale comme le jour de la première représentation.
« – À se fournir, en outre, dans toutes les pièces quel qu'en soit le genre, de linge, de bas, de chaussures, de boucles, de pantalons de soie, de maillots, de perruques, de maquillage, de gants.
« – À se servir, sans pouvoir s'y refuser sous aucun prétexte, de tous les autres costumes d'histoire, de caractère ou de fantaisie qui lui seront fournis par la direction, à ne jamais rien changer aux costumes. »

Sarah Bernhardt et ses aspics, dessin de Georges Clairin.

grandeur royale sous le vrai manteau de cour qu'au hasard d'un attifement issu d'un magasin d'accessoires. »

Pour les costumes comme pour la peinture des décors, la France occupe le premier rang, de l'aveu même des critiques. Malgré l'indéniable chauvinisme d'une pareille affirmation, il n'en demeure pas moins vrai qu'au tournant des années 1900 l'art du costume a réalisé de réels progrès. L'œil du public s'est affiné, obligeant à l'adoucissement et au fondu des tons, avec une exigence redoublée pour l'exactitude des reconstitutions. Sarah, comme les dessinateurs et les décorateurs qu'elle emploie, se préoccupe de ne pas trahir la réalité du passé, tout en flattant l'œil du spectateur. Les costumes de *Cléopâtre* sont, par exemple, directement inspirés de planches du musée de Boulaq, au Caire. Et Sarah, pour avoir « la main de la reine d'Égypte », passe ses paumes au henné. Elle va jusqu'à s'enrouler autour du poignet un serpent vivant (mais inoffensif) pour simuler la scène finale de la mort de la dernière des pharaonnes.

Sa fréquentation des milieux artistiques a, sans nul doute, influencé sa science de l'habillement. Des peintres comme Burne-Jones, James Tissot ou Gustave Moreau ne sont pas étrangers aux silhouettes que Sarah se compose dans ses rôles de princesse médiévale, biblique ou indienne. « Elle est à elle seule, écrit un critique au lendemain de la première d'*Izéil*, le 25 janvier 1894, une synthèse délicieuse et troublante de tous les peintres mystérieux. » La profusion des draperies, l'attitude, la démarche sont autant d'éléments qui concourent à révolutionner l'art du théâtre. Avec une belle obstination, Sarah va jusqu'au bout des choses. « Sans cesse, son esprit est hanté par les lignes pures des marbres éternels et naturellement, elle cherche à incarner cet idéal plastique en attitudes sculpturales », note Henry Bauër, qui a bien saisi la démarche de l'actrice. Dans son rôle du page Zanetto, du *Passant*, de l'avis général elle apparaît comme l'incarnation du *Chanteur florentin*, un bronze

1. Sarah dans *Adrienne Lecouvreur,* d'Eugène Scribe et Ernest Legouvé, en 1880.
Coll. Maison des Artistes.

2. Sarah à ses débuts
à la Comédie-Française.
D.R.

3. Sarah vers 1880.
Coll. D. Ladeuille.

4. Sarah et son fils Maurice,
par Mucha.
Illustration d'un menu
vers 1900.
Coll. D. Ladeuille.

5. « À Louise Abbéma, son
amie d'hier, d'aujourd'hui
et bientôt de l'au-delà »,
par A. Bert, Paris, 1923.
Coll. D. Ladeuille.

6. Sarah dans
La Princesse lointaine,
d'Edmond Rostand,
en 1895.
Coll. Maison des Artistes.

7. Sarah dans *Théodora*,
de Victorien Sardou,
en 1884.
Coll. Maison des Artistes.

8. Sarah à 56 ans
dans *L'Aiglon*,
d'Edmond Rostand.
Coll. Maison des Artistes.

9. Sarah dans *Phèdre*,
de Racine, en 1905.
Pastel de Maurice Perronet,
filleul de la comédienne.
Coll. D. Ladeuille.

10.

11.

12.

13.

10. Sarah à Belle-Île-en-Mer, en 1921, par Louise Abbéma.
Coll. D. Ladeuille.

11. Sarah dans son hôtel du 56, bd Pereire, vers 1890.
Coll. D. Ladeuille.

12. Sarah dans son train en Amérique, vers 1900.
Coll. D. Ladeuille.

13. Sarah au piano avec Suzanne Seylor, vers 1885.
Coll. D. Ladeuille.

célèbre du sculpteur Paul Dubois[1]. Selon Francisque Sarcey, « son costume mettait à nu la sveltesse grêle des formes qui laissaient l'œil hésiter entre l'adolescent et la femme ».

De même, dans *Adrienne Lecouvreur*, la somptuosité des costumes émerveille les spectateurs. Sarah, en Roxane, fait son entrée, au deuxième acte, un manteau d'Orient sur les épaules, un turban enroulé et un voile au front, tenant à la main un petit exemplaire de Racine en maroquin. Le *Sunday Times* de Londres consacre une pleine colonne à la description des costumes de cette pièce, retenant particulièrement une robe en velours vert saule passée sur une sous-robe en soie vert pâle, brodée de bouquets de fleurs et agrémentée d'étoles en brocart sur un corsage à manches de dentelle transparente.

Et que dire de *Théodora*, un drame à grand spectacle qui surpasse en splendeurs tous les autres et dont la production a coûté deux cent quatre-vingt mille francs[2] ! Le succès est au rendez-vous[3]. C'est un éblouissement pour les yeux, on n'a jamais vu une telle profusion de tissus rares, de joyaux, de pierres fines. Les costumes, signés de Théophile Thomas[4], s'inspirent de tissus coptes et byzantins. Les anges et les griffons sont brodés de fils d'or, les croix grecques sont cernées ou remplies de perles, d'amé-

---

1. Paul Dubois (1829-1905). Au retour de son séjour en Italie, il modèle le plâtre du *Chanteur florentin du XVe siècle* qui obtient la médaille d'honneur au Salon de 1865. Le succès de cette œuvre fut immense. Sur ce sujet, voir *L'Art en France sous le Second Empire*, Paris, RMN, 1979, pp. 274-275.

2. Les directeurs de théâtre se livrent alors à une véritable surenchère dans les moyens mis en œuvre pour séduire le public. L'Opéra de Paris dépensera trois cent vingt mille francs pour monter *La Dame de Monsoreau* d'après Alexandre Dumas.

3. Jules Massenet a signé la musique de ce drame historique. Sarah remontera plusieurs fois cette pièce. Une nouvelle version en est donnée en 1902 avec de nouveaux costumes tout aussi remarquables que les précédents.

4. Théophile Thomas commence en 1871 sa carrière de dessinateur de costumes de théâtre. Il travaille pour presque toutes les compagnies parisiennes. Il collabore avec Sarah Bernhardt pour *Ruy Blas, Théodora, La Tosca, Cléopâtre* et *Jeanne d'Arc*.

thystes et d'opales. Thomas dessine pour Sarah, qui joue l'impératrice de Byzance, cinq costumes différents, dont deux avec cape et couronne. À elle seule, la traîne du manteau impérial coûte plus de sept mille francs. Une somme astronomique. L'action du sixième tableau se situe dans la loge impériale. Qu'on se prenne à rêver un instant à l'apparition de la « Divine », incarnation vivante de la « basilea » telle que la presse s'en fait l'écho : « Tunique brodée de grosses fleurs formées de pierreries de toutes les couleurs. Pour coiffure, un casque couvert de pierreries. Sur la figure, un voile de gaze jaune cachant le bas du visage comme celui des femmes mauresques. Et le fameux manteau impérial ! C'est la reproduction exacte du manteau de l'impératrice d'Orient. Une merveille, ce manteau en satin bleu brodé d'or et semé de paons héraldiques en saphirs, émeraudes et rubis. »

Il lui arrive aussi, parfois, d'opter pour un dépouillement extrême, comme dans *Cléopâtre*. Elle se contente, alors, d'enrouler simplement des étoffes autour du corps, sans coupe, sans échancrure, sans le moindre coup de ciseaux, de sorte qu'ils n'ont d'autre forme que celle du corps et d'autres attaches que les scarabées sertis de pierreries qui servent de fibules. Le public parisien ne peut imaginer de la voir autrement que somptueusement costumée. Habillée avec simplicité, elle déçoit. C'est pourquoi, après son échec dans *Les Mauvais Bergers*, un drame réaliste d'Octave Mirbeau, en 1898, elle renonce à ce genre de répertoire, à Paris du moins. Pouvait-elle seulement être crédible en ouvrière vêtue d'une blouse de coton et d'une jupe de laine, abordant les problèmes de la vie quotidienne ?

Le style de Sarah se caractérise essentiellement par une accumulation de tissus précieux et de ceintures qu'elle s'enroule autour des hanches, dans une harmonie magistrale des motifs, des étoffes et de la coupe. Pour sa première tournée en Amérique, elle commande au costumier Baron plus de cent trente-cinq habits. Le jeune peintre costumier Lepaul crée, pour son rôle de Phèdre, une robe brodée qui est d'une splendeur tragique quand on pense que le jeune homme, tuberculeux, a taché le tissu de son sang et qu'il meurt peu après l'avoir terminée. Épouvantée, Sarah refuse de porter ce costume qui restera dans son carton où les broderies d'or finiront par brunir avec le temps. Maintenant que sa compagnie est passée au stade d'une véritable entreprise de spectacle, et que les productions s'enchaînent à un rythme effréné, il lui devient indispensable de disposer de son propre atelier de confection et de ses propres magasins. Ce qui ne l'empêche pas de faire appel occasionnellement à des couturiers de renom, comme Morin-Blossier et Félix pour *Froufrou* et *Fédora*, ou Doucet, son favori, pour une reprise de *La Dame aux camélias*. L'exécution des broderies de perles et de fils d'or est confiée à des brodeurs extérieurs, spécialisés dans les ornements liturgiques, ou à la maison Michonnet qui travaille également pour Worth[1].

Comme elle le fait pour ses tenues de ville, Sarah retaille ses costumes de scène qu'elle recompose à sa manière. Munie d'une paire de ciseaux, elle coupe directement dans un manteau ou une jupe qui ne lui conviennent pas. Agenouillée au sol, d'une main sûre, elle découpe un patron pour expliquer à sa couturière ce qu'elle attend d'elle. Comment ne pas penser ici à Coco Chanel, la « grande mademoiselle » qui, elle aussi, coupait et épinglait à genoux aux pieds de ses mannequins. Souvent, Sarah s'improvise habilleuse et retouche directement les costumes sur les acteurs ou les élèves. « Trouvant ma ceinture trop basse, raconte Marcelle Brégyl, elle se mit à la découdre elle-même sur moi, puis elle la fixa à sa convenance, arrêta tous les drapés de la robe avec des épingles, me disant d'un air moqueur : "Si je te pique, tu crieras[2]." »

On l'aura compris, Sarah ne se contente ni d'à-peu-près ni de bimbeloterie. Parce qu'elle veut toujours se

1. Le brodeur François Lesage, qui est dépositaire de ce fonds, possède encore des échantillons de broderie au nom de Sarah Bernhardt.
2. Marcelle Brégyl, l'une des dernières élèves de Sarah, a publié ses souvenirs dans la revue *Le Théâtre français*.

hisser vers le beau, elle choisit les meilleures étoffes, les parures les plus chatoyantes. Pour *La Princesse lointaine*, elle fait rouler sous des presses des pièces de velours de Venise rose aurore afin de les vieillir[1]. L'étoffe, miroitée et talquée, passe ensuite par des bains de soufre et de safran pour en dénaturer la couleur. Des dessinateurs, avec un vaporisateur, impriment des rosaces et des arabesques, des fleurs héraldiques dont « s'arc-en-ciellise » toute la robe[2]. De même, les bijoux qu'elle porte, s'ils sont faux, ne font pas toc.

Ceinture de Cléopâtre, diadème de Théodora, broche d'Izéil ajoutent à l'émerveillement de ses costumes. Cédant à une espèce d'horreur du vide, Sarah s'en couvre tout le corps, au point de ressembler à une châsse. Ses pourpoints sont incrustés de pierreries, ses robes ruissellent de perles et de diamants. La robe de mariage de Gismonda croule littéralement sous le poids des joyaux. Elle est brodée de quatre mille six cents pierreries, elle a occupé pendant une semaine, jour et nuit, dix-huit brodeuses, elle a coûté la bagatelle de deux cent cinquante francs le mètre. Elle est si lourde à porter que Sarah peut à peine se déplacer. Lalique[3] crée, pour *Izéil*,

1. Le comble du raffinement en matière vestimentaire était de porter des habits taillés dans des tissus artificiellement vieillis. Les dandys faisaient ainsi râper leurs vêtements avec des éclats de verre, comme de nos jours les jeans neufs, vendus délavés et usés, sont passés dans des cuves remplies de cailloux.

2. Cette description de la robe portée par Sarah, au troisième acte de *La Princesse lointaine*, est empruntée à Jean Lorrain.

3. René Lalique (1860-1945). Célèbre joaillier « Art nouveau », il dessine et réalise pour Sarah de nombreux bijoux pour la ville comme pour la scène. Il travaille également pour Julia Bartet, de laquelle on a conservé le magnifique diadème de Bérénice. Lalique a la faveur du Paris élégant, et Montesquiou, qui lui a peut-être présenté Sarah, figure parmi ses clients. Le comte dandy et l'actrice sont fous de bijoux. Ils s'échangent des anneaux, l'un en fleur d'amarante, l'autre à deux masques bleus sculptés dans des opales. En 1896, dans *De corona*, un poème à la gloire de toutes les couronnes que Sarah a portées, Montesquiou écrit : « Couronne en roses pour Alcème, couronne d'*Izéil* en étrange orchidée, couronne de *Gismonda* en mauve cattleya, couronne de lotus pour *Cléopâtre*, couronne de joyaux pour *Ruy Blas*... »

un magnifique ornement de corsage en forme de fleur de lotus émaillée. Pour *Théodora*, Alphonse Fouquet[1] livre le bracelet et la bague serpentins, aux couleurs chatoyantes d'opale. Mucha dessine la coiffure et la bague de Mélissinde dans *La Princesse lointaine*. Dans l'ensemble, ces parures de théâtre en cuivre doré et cristal coloré et taillé présentent souvent des formes plus inventives que les bijoux de ville, car, comme pour les décors, leur façon est proportionnée à l'optique de la scène[2].

À la mort de Sarah, en 1923, on organise une grande vente publique au cours de laquelle sont dispersées ces centaines de pièces d'orfèvrerie et de joaillerie qu'elle a accumulées au cours de son demi-siècle de carrière et qui ont marqué chacun de ses grands rôles. Parce que ses parures de scène en cristal montées sur cuivre ont la beauté saisissante des vrais bijoux, elles atteignent des sommes faramineuses.

Selon Alfred de Vigny, une pièce de théâtre est une pensée qui se métamorphose en machine. Et Louis Jouvet ajoute : « Machine du spectacle, machination des comédiens, machinerie des éléments de la scène, il y a un art mécanique et technique à la base de tout théâtre qui est un art de métamorphose ; l'art de changer les sensations, les sentiments et les idées du poète pour les rendre efficients sur le public, un art de représentation ou de traduction, un art d'expression, d'exécution, l'art de la mise en scène – si l'on veut résumer par une appellation tout ce qui se place mécaniquement entre le poète et le spectateur[3]. »

Le chatoiement des ors et des pierreries, la somptuosité des brocarts, des velours de Venise ou de Gênes, des dentelles, la monumentalité des architectures, font du théâtre de Sarah un monde d'enchantement. Sa voix

1. Alphonse Fouquet (1828-1911).
2. L'orfèvre Alexis Falize (1811-1898) fait ce constat en voyant les bijoux d'*Aïda* et de *L'Africaine* à l'Exposition universelle de 1889.
3. Louis Jouvet, *Témoignages sur le théâtre*, Paris, Flammarion, 1952, p. 21.

peut faiblir, ses textes manquer de profondeur, mais, parce qu'elle a amené à un degré suprême de perfectionnement cette « machine du spectacle », jamais le public ne s'ennuie chez elle. Sur scène, entourée de ses comédiens, tous magnifiquement parés, évoluant dans un univers factice de luxe et de couleurs, elle est un intercesseur magique et magnifique qui sait parler aux sens et à l'imagination des spectateurs. Et, à chaque fois, elle est gagnante.

CHAPITRE V

Les itinéraires du cœur

Sarah vit entourée de toute une cour où se croisent, outre les membres de sa propre famille, ses auteurs, les acteurs de sa troupe, ses admirateurs – têtes couronnées, noms à particule, gens de la rue – qui font le siège de sa maison. Cet entourage composé de personnages divers éclaire sur la personnalité de celle qui, en dehors de ses activités proprement théâtrales, défraie tant la chronique par ses lubies et ses excentricités.

En abordant cet aspect de sa vie, on court le risque de suivre la pente naturelle des histoires toutes faites, des médisances répandues sur sa vie amoureuse, sur son éventuelle homosexualité, sur son caractère tyrannique. Sarah, c'est un fait, collectionne les amants. Elle a aussi des amitiés féminines, en particulier avec le peintre Louise Abbéma. Elle traite ses serviteurs et quelques amis dévoués, comme Georges Clairin, en patronne ou en maîtresse capricieuse et exigeante. Il ne faut pas oublier non plus que Sarah a toujours fait ce qu'il lui plaisait. Le succès venant, l'adoration dont elle est l'objet ne peut qu'attiser sa vanité et glorifier son ego.

Malgré tout, expliquer la vie d'une comédienne n'implique pas de tout dire ni de tout prendre pour argent comptant, d'autant que Sarah a toujours essayé de protéger au maximum sa vie privée des indiscrétions. Ses lettres d'amour à Mounet-Sully, à Gustave Doré ou à Jean Richepin nous renseignent sur son comportement amoureux, sur son style épistolaire. Elles dévoilent une intimité qu'à coup sûr elle aurait préféré garder secrète.

Bien des accusations portées contre Sarah sont exactes. En effet, elle se montre souvent irascible et violente, même si ses éclats sont suivis d'excuses, de mots gentils et de cadeaux. Ses domestiques ou ses comédiens tremblent devant ses colères. Ses plaisanteries envers les faibles ne sont pas non plus exemptes d'une certaine méchanceté. Thérèse Berton en a fait les frais, quand Sarah a jeté au feu son unique paire de souliers, détrempés par la pluie, sous prétexte de les sécher. De même qu'on la vit déchirer la seule robe habillée d'une actrice débutante assez démunie, parce qu'elle la trouvait mal fagotée. Même si elle sait faire preuve de délicatesse et de générosité, sa toute-puissance de « star » entretient chez elle cet esprit moqueur et facétieux observable dès l'enfance.

Sa mère, à défaut d'amour, lui a donné un bien-être matériel proche du luxe. Une chance accordée à peu d'actrices. Henry James dans *La Muse tragique* et les frères Goncourt dans *Les Actrices* racontent la vie romancée de jeunes filles pauvres qui, par tous les moyens, aspirent à devenir des comédiennes célèbres et riches. Dans son roman *La Vedette*, la chanteuse Yvette Guilbert transpose dans le milieu des cafés-concerts le même univers de promiscuité douteuse et de concessions auxquelles doivent se soumettre les artistes de scène d'origine modeste.

Élevée au sein d'un « clan », Sarah manifeste un réel esprit de famille. À côté de sa mère et de ses tantes Rosine et Henriette, il y a ses demi-sœurs, Jeanne et Régina, qu'elle couvera de ses soins et qui connaîtront de tristes destins. Jeanne est sa cadette de sept ans. La « petite Jeannot », l'enfant chérie de Judith, s'entend bien avec Sarah. Leur beauté est différente. Jeanne, avec ses cheveux sombres et ses yeux verts, a hérité du caractère frivole de Judith. Elle n'a pas la volonté farouche de son aînée et se laisse entraîner vers la drogue. Après la guerre de 1870, la consommation de morphine s'est largement répandue chez les artistes. L'opium passe pour endormir les sens, la morphine pour les aiguiser. Jeanne, engagée comme actrice dans la troupe de Sarah, fait partie d'un groupe de morphinomanes en liaison avec le monde du théâtre. Elle voue une adoration sans bornes à sa sœur qui essaie par tous les moyens de la détacher de cette néfaste inclination. Sarah lui confie de petits rôles. Si le talent de Jeanne ne saute pas aux yeux, elle a une excellente mémoire. Au cours d'une tournée américaine, Sarah l'enferme dans sa chambre pendant quatre jours pour l'empêcher de se faire des piqûres de morphine. Mais rien n'y fait, son cas est sans espoir. La drogue aura raison d'elle. Jeanne disparaît à moins de vingt-cinq ans. Avant de mourir, elle a le temps de donner naissance à une petite fille, Saryta, qui deviendra actrice et dont Sarah s'occupera[1].

La réalité dépasse parfois la fiction. Une partie de la vie de Sarah confine au mélodrame. Ses relations avec Régina s'achèvent aussi tristement. Celle-ci, enfant, était une ravissante fillette aux cheveux bouclés, habillée avec infiniment d'élégance. Cette sœur, de onze ans sa cadette, lui ressemble beaucoup. Elle est sauvage et emportée comme elle. Elle vit chez Sarah avec leur grand-mère maternelle, dans l'appartement de la rue Auber jusqu'à l'incendie de 1869. On se souvient du scandale à la Comédie-Française, quand elle piétina la robe de mademoiselle Nathalie. En grandissant, Régina se laisse aller à une vie facile. Elle contracte la tuberculose, séjourne un temps dans un sanatorium en Suisse, se réfugie dans l'appartement de la rue de Rome. « Le grand lit de bambou prenait toute la place, raconte Sarah. Devant la fenêtre était mon cercueil dans lequel je m'installais souvent pour apprendre mes rôles. Aussi, quand je pris ma sœur chez moi, trouvai-je tout naturel de dormir chaque nuit dans ce petit lit de satin blanc qui devait être ma dernière couchette et d'installer ma sœur sous les amas

1. Saryta n'a pas bonne réputation. Elle s'habille en homme, fréquente certains milieux. Elle aurait même installé une fumerie d'opium dans les combles de l'hôtel de sa tante, boulevard Pereire. Elle meurt de la tuberculose en 1905.

de dentelles dans mon grand lit de bambou. » Une idée passablement étrange, qui illustre bien son côté morbide et qui fera couler beaucoup d'encre. C'est donc dans ce grand lit de bambou que Régina meurt, le 16 décembre 1873. Elle venait d'avoir dix-huit ans.

Un autre événement, de la même importance, bouscule alors la vie privée de Sarah. C'est sa rencontre, son mariage puis sa séparation avec Jacques Damala, le beau Damala, l'un des rares hommes à avoir eu assez de cran pour lui tenir tête.

Damala appartient à une famille de notables grecs. Venu à Paris pour poursuivre des études, il se destine vaguement à une carrière diplomatique. Il est grand et d'une beauté orientale avec sa barbe, ses yeux langoureux et ses cheveux bruns. Cet Apollon diplomate, comme le surnomment ses amis, fait des ravages auprès des femmes mariées. Indolent et sans véritable ambition, il a surtout comme qualité majeure d'être jeune (il a douze ans de moins que Sarah) et bien tourné. Thérèse Berton, qui ne l'aime pas, dit qu'il a « la présence et les manières d'un gentleman et l'esprit d'un chimpanzé ».

Sarah fait sa connaissance en 1882, à la veille du départ d'une tournée européenne. Tout dans leur personnalité les oppose. Sarah, très dominatrice, est habituée à avoir les hommes à ses pieds ; Damala, seigneur exigeant, s'offre à l'adoration des femmes. Chacun connaît la renommée de l'autre et, d'une certaine manière, ils sont prêts à se lancer un défi amoureux. Leur première rencontre se limite à un assaut verbal qui se termine par des éclats de rire. L'insolence de Damala séduit Sarah et ce dernier est flatté d'avoir été remarqué par une aussi grande actrice. Quand elle apprend qu'il doit quitter Paris pour une mission diplomatique à Saint-Pétersbourg, immédiatement elle inscrit la capitale russe au programme de la tournée qu'elle doit entreprendre dans l'empire des tsars.

Damala se sent une vocation d'acteur. Il rejoint la troupe de Sarah qui l'emploie dans de petits rôles. Mais les autres comédiens l'acceptent mal et ses relations avec la « patronne » sont pour le moins ambiguës. En public, il n'a pas de mots assez forts pour clamer son amour : « Elle est le soleil, la lune, les étoiles, elle est la reine du monde », répète-t-il à tout bout de champ. Et dans le même temps, il se montre cynique et dédaigneux avec elle. Tantôt il critique sa robe ou sa coiffure, tantôt il dénigre sa façon de jouer. Il a le don de la provoquer. Elle le traite de Bohémien grec et le renvoie. Il la prend au mot, s'en va, revient et la supplie de lui rendre son amour. « J'ai eu ma fière Sarah à mes genoux la nuit dernière, se vante-t-il bêtement auprès de ses camarades, mais j'ai refusé de lui pardonner, elle n'était pas encore assez punie. » Cette liaison orageuse ne passe pas complètement inaperçue à Saint-Pétersbourg. La popularité de Sarah s'en ressent. Elle semble indifférente aux qu'en-dira-t-on. Elle est folle de cet homme. Plus il la rudoie, plus elle s'attache à lui. Au point de commettre l'irréparable.

Le 22 avril 1882, elle l'épouse à Londres. Pour l'état civil, Sarah Bernhardt devient officiellement Mme Damala. Pourquoi Londres ? Parce que la législation anglaise est plus souple et qu'il n'est pas nécessaire d'obtenir le consentement des parents comme c'est l'usage en France. La décision a été si brusque, pour ainsi dire irréfléchie, que Sarah n'a prévenu personne, excepté Maurice, et encore au dernier moment. Du théâtre en somme ! Un caprice plutôt, qui ne lui coûte pas moins de vingt-cinq mille francs de dédit à verser à son imprésario.

À Paris, l'annonce du mariage fait l'effet d'une vraie bombe. Sarah traite tout cela avec désinvolture. « Je viens de faire un voyage charmant, annonce-t-elle, sur un ton primesautier, au journaliste de *Gil Blas* venu l'interviewer à son retour, et de plus un mariage qui me plaît. C'est tout un roman et vous savez si j'aime ce qui sort de la vie ordinaire… Je n'ai pas le temps de me marier comme tout le monde, moi, je suis trop occupée. C'est charmant de se marier comme ça. » Elle va très vite déchanter.

Son mariage, qui durera sept ans, vire bientôt au naufrage. Elle espérait naïvement s'attacher ce bel homme volage en l'épousant. Elle obtient l'effet inverse, comme souvent en pareil cas. Damala exige qu'elle renonce à son nom de scène pour prendre le sien. Elle refuse. Il la quitte, la trompe. Tout Paris s'amuse de ses malheurs conjugaux. Elle, la grande Sarah Bernhardt, être ainsi trahie, bafouée ! Elle est profondément mortifiée d'être un objet de risée. Pourtant, elle ne peut s'empêcher d'éprouver de l'affection pour cet homme qui lui résiste et qui, tout compte fait, se révèle être plutôt bon acteur. Son interprétation d'Armand Duval, dans une reprise de *La Dame aux camélias*, est assez bien accueillie. Son rang de prince consort lui vaut le sobriquet de « Damala aux camélias ». Un modus vivendi, même fragile, aurait pu s'instaurer entre eux, s'il n'avait pas été morphinomane. Sarah lui a même confié un temps la gestion de sa compagnie, mais la drogue, qui le mine, corrompt tout. Il est pris de crises d'hystérie et de jalousie. Il devient violent, grossier, il l'injurie, la traite de « Juive au long nez ». À force de scènes de ménage à répétition, de tromperies, de dettes accumulées, elle finit, au bout de deux ans, par se séparer de lui sans réclamer toutefois le divorce. Mari éconduit et comédien en rupture de ban, il se serait alors engagé comme officier dans la Légion étrangère.

Il fait de timides apparitions sur d'autres scènes, notamment dans *Le Maître de forges* et *Sapho* en 1885[1]. Cinq années s'écoulent. Damala, réduit à l'état d'épave, se retrouve seul et sans argent à Marseille. Il supplie Sarah de lui accorder une seconde chance et de le reprendre avec elle. Elle vole à son secours, avec l'espoir de le sortir de sa misère et de l'arracher à la drogue. Damala n'est-il pas toujours son mari ? Bien que malade et amaigri, en mai 1889, il remonte sur les planches et reprend son grand rôle d'Armand Duval. Sa déchéance

1. Damala obtient un succès d'estime auprès de la critique, en particulier dans *Le Maître de forges* de Georges Ohnet, *Les Mères repenties* et surtout dans *Sapho*, qu'Alphonse Daudet a adaptée pour le théâtre.

physique fait peine à voir. « Quel changement, écrit Francisque Sarcey dans *Les Annales politiques et littéraires*. C'était un vieillard que nous avions devant les yeux, un vieillard qui s'efforçait de cacher sous le fard ses joues creusées par la maladie. Il nous fit mal. Eh quoi ! C'était là ce brillant Damala, le héros de tant d'aventures célèbres, qui avait tourné toutes les têtes à Paris et à Londres ? » Par tous les moyens, y compris la manière forte, la même qu'elle avait employée avec Jeanne, elle a essayé de l'arracher à la drogue, mais sans résultat. Il meurt à trente-deux ans le 18 août 1889. Après une cérémonie à l'église orthodoxe de la rue Daru, son corps est rapatrié au cimetière d'Athènes. Sur sa tombe, Sarah fera poser le buste qu'elle a sculpté de lui. Et à chaque fois que ses tournées la conduiront dans la capitale du royaume des Hellènes, elle ne manquera jamais de venir la fleurir. Plus fidèle en pensée que lui ne l'avait été dans les faits, elle signera désormais : *Sarah Bernhardt, veuve Damala*.

Sept années, donc, remplies de péripéties, sept ans d'un mariage raté méritaient bien qu'on s'y attarde un peu. En effet, si la carrière de l'artiste n'a pas vraiment pâti de ce tumulte amoureux, la femme, elle, en sort profondément perturbée. Blessée et humiliée, en ayant accepté de s'engager dans une relation qu'on qualifierait aujourd'hui de sado-masochiste, Sarah laisse entrevoir un autre pan de sa personnalité, ce côté sentimental qui la rend plus vulnérable qu'on ne l'imagine *a priori*.

Dieu merci, sa famille lui apporte bien des satisfactions. La présence auprès d'elle, pendant soixante ans, de Maurice, son fils unique, lui procure, malgré d'importants soucis d'argent, un joie permanente au moins aussi grande que celle du théâtre. Maurice, dont elle parle peu, sans doute par pudeur, est omniprésent dans sa vie. Il est des jours heureux comme des jours de malheur. Une très forte complicité les lie l'un à l'autre, une véritable dévotion même. Sarah s'est toujours battue pour lui, elle l'a couvert de cet amour maternel qui lui a tant fait défaut, elle l'a élevé seule après que le prince de Ligne l'eut abandonnée avec son nouveau-né[1].

Même si elle n'a pas beaucoup de temps à lui consacrer, allant de répétitions en spectacles et de tournées en soirées parisiennes, à la différence de sa propre mère, elle garde son enfant près d'elle. Elle l'emmène partout avec elle, fière de ce fils qui devient un beau garçon en grandissant. En 1887, à un journaliste un peu trop curieux qui lui demande son âge, elle répond : « Vingt-trois ans, comme mon fils. »

Avec lui, elle est sévère et indulgente à la fois. Élevé par des précepteurs puis placé en pension, il devient un parfait cavalier, un chasseur émérite et un champion d'escrime. Plus tard, il se battra plusieurs fois en duel pour défendre l'honneur de sa mère. Il n'a pas brillé dans les études, mais c'est sans importance, car il n'aura jamais besoin de travailler pour vivre. Sarah pourvoit à tout. À la direction du théâtre de l'Ambigu, il se révèle piètre gestionnaire, mais il n'a que dix-huit ans et aucune expérience. C'est un dandy, un joueur, un panier percé. Les soixante mille francs par an d'argent de poche que sa mère lui alloue ne lui suffisent pas. Il mène une vie facile sans s'adonner, Dieu merci, à ces drogues qui ont causé tant de drames dans l'existence de Sarah.

Il trouve sans peine une épouse dans les cercles mondains où il évolue. Il jette son dévolu sur Marie-Thérèse Jablonowska, dite Terka, d'une famille noble polonaise. Le mariage, en grand comme il se doit, a lieu à l'église Saint-Honoré-d'Eylau en 1887. Sarah ne se montre ni envahissante ni possessive envers sa bru, comme on aurait pu s'y attendre. Elle accepte cette séparation qui en réalité n'en est pas une, car le jeune couple s'installe rue de la Néva, non loin de son hôtel du boulevard Pereire où elle vient d'emménager. Marié et père de famille – il aura deux filles, Simone et Lysiane –,

1. Le prince manifestera, bien des années plus tard, en proie à une sorte de remords, le désir de léguer à son fils naturel une partie de sa fortune, mais Maurice, aussi fier que sa mère et inconséquent, refusera l'offre de ce père qu'il ne connaissait pas.

Maurice n'en continue pas moins d'être à la charge de sa mère, sans le moindre scrupule. Il mène un train de vie dispendieux et, ce n'est un secret pour personne, une partie des bénéfices des tournées de Sarah sert à couvrir les dépenses de Maurice et de sa famille. Clairin ou Louise Abbéma, conscients de l'effort financier que Sarah consent pour son fils, lui conseillent de mettre de l'argent de côté. Elle ne s'y résout pas, donne et donne toujours plus. Terka meurt en 1910, Maurice se remarie tout en demeurant aux crochets de sa mère. Leur entente est totale, sauf quand éclate l'affaire Dreyfus. Maurice se laisse gagner par l'antisémitisme des Léon Daudet et autres Jules Lemaitre. Pendant plusieurs mois, ils ne s'adressent plus la parole. Maurice s'éloigne même de Paris pour éviter les tête-à-tête avec sa mère, mais leur brouille ne dure pas. D'une certaine manière, soudés l'un à l'autre par cette complicité quasi fusionnelle, il était presque écrit qu'ils ne pourraient pas se survivre. Maurice s'éteindra en 1926, trois ans après sa mère.

En dehors de son fils, les autres grands amours de sa vie sont ses deux petites-filles. Simone et Lysiane deviennent les confidentes d'une grand-mère qui les emmène en vacances à Belle-Île, qui les garde à déjeuner le jeudi, qui les fait venir dans sa loge les soirs de première[1]. Pour distraire la bande d'enfants qui l'entoure, elle organise des goûters, auxquels elle convie les enfants du peintre Carolus-Duran, ceux de Georges Feydeau ou des Rostand. Parmi tous ses filleuls, elle a une affection particulière pour Maurice Perronet, le fils de sa costumière, qui est également peintre et qu'elle nomme administrateur de son théâtre.

1. Simone s'éloigne et se marie en Angleterre. Elle aura deux enfants dont l'une, Terka, épousera le petit-fils de Georges Clemenceau. C'est par elle que se poursuit aujourd'hui la descendance de Sarah. Lysiane, la plus jeune, se consacrera, jusqu'à son mariage avec l'auteur Louis Verneuil en 1921, à sa grand-mère qu'elle appelle « Great ». C'est ainsi qu'elle recueillera la matière de son livre de souvenirs, *Sarah Bernhardt, ma grand-mère*. Great, qui signifie en anglais « grand, magnifique », convient parfaitement à Sarah, qui n'aurait pas supporté de se faire appeler mamie ou grand-mère.

Mme Guérard, que Sarah appelle depuis son enfance « Mon p'tit dame », fait en quelque sorte partie de la famille. Tous ceux qui ont connu Sarah se souviennent de Mme Guérard qui, telle une bonne fée, vit dans son ombre. Sur sa vie privée, rien n'a filtré. Sarah dit que c'est une amie de sa mère et qu'elle a assisté à la naissance de Maurice. « Mon p'tit dame » fait office à la fois de confidente et de secrétaire. Lysiane se souvient d'une vieille dame toujours habillée en noir, ce qui irrite fort Sarah. Elle meurt en 1900 à soixante-seize ans, après avoir certainement subi pendant plus de cinquante ans la mauvaise humeur et les caprices de la diva[1]. Probablement fut-elle heureuse auprès d'elle, car Sarah avait toujours beaucoup d'attentions pour les gens employés à son service : Félicie, Dominga, Claude, Pitou et les autres qui s'additionnent sans se soustraire car elle ne renvoie jamais personne. À quelqu'un qui s'étonne qu'elle garde son vieux maître d'hôtel Émile, devenu sourd et porté sur la bouteille, elle fait cette réponse :

« Émile est chez moi depuis quarante-cinq ans, il est chez lui. »

Quant à ses relations amoureuses, elles sont fort nombreuses. On ne peut évidemment pas les passer sous silence, d'autant que la plupart du temps, comme pour toutes les actrices, amour et théâtre marchent de pair.

Dans ses Mémoires, Sarah affirme, on l'a vu, qu'avant vingt ans les hommes ne l'intéressaient guère. Puis elle opère un revirement spectaculaire. « J'ai été une des plus grandes amoureuses de mon temps », déclare-t-elle un jour à Londres à son amie Suze Rueff. En amour, le nombre n'est pas un gage de qualité. Ses aventures sont multiples et brèves. Et à chaque rupture, c'est autant de nouveaux chagrins. Après avoir essayé quelques militaires ou hommes politiques, elle s'en tient, une fois sa

1. À la mort de Mme Guérard, Sarah s'étonne qu'elle n'ait jamais rien écrit sur leur intimité de cinquante années.

carrière bien lancée, à des acteurs, à des auteurs dramatiques ou à des critiques.

Dans les années 1880, Sophie Croizette lui présente Édouard de Lagrenée, diplomate et jeune homme fort timide. Sarah s'amuse de sa gaucherie, elle le prend comme amant, le promène dans Paris, où on le surnomme « le petit messager » ou « le petit chien de Sarah ». Chez les Lagrenée, gens très respectables, on grince des dents. La famille s'arrange pour que le rejeton soit envoyé à Saint-Pétersbourg avant qu'il ne se perde complètement avec son actrice. Auparavant, il se sera battu en duel avec Richard O'Monroy, un journaliste de *La Vie parisienne*, qui a osé écrire que Sarah avait été conquise en un quart d'heure. Notons au passage que Sarah s'emballe facilement pour les amoureux transis. Ce sera le cas avec le poète François Coppée, dont elle dit qu'il a « la voix d'un rêveur et la tête d'un saint », ou encore, mais bien plus tard, avec Edmond Rostand.

De tous les acteurs, Jean Mounet-Sully est celui pour lequel elle ressent la plus vive passion. En 1868, il jouit déjà d'un certain renom à la Comédie-Française. Pourtant, quand elle le rencontre à la première répétition du *Roi Lear*, elle le remarque à peine. « Elle commençait à être célèbre ; je l'admirais passionnément, elle ne me connaissait pas, ne me remarquait même pas. Je n'étais rien. Elle passait devant moi comme une étoile filante », écrit Mounet dans ses *Souvenirs d'un tragédien*. Trois ans plus tard, elle devient sa maîtresse. Il sera bientôt reconnu comme le plus grand tragédien de son temps, on le dit beau comme un dieu. Sarah l'a soufflé à Marie Favart[1], une comédienne plus âgée, dont elle convoite

1. Pierrette-Ignace Pingaut, dite Marie Favart, née en 1833. Elle débute à la Comédie-Française à sa sortie du Conservatoire en 1848, et elle devient sociétaire en 1854. « Elle fit succéder ou plutôt elle unit la chaleur et l'énergie à la grâce, à la dignité et à la noblesse qui étaient ses qualités primitives. La violence de passion et l'habileté consommée qu'elle a déployées dans quelques-unes de ses dernières créations sont également remarquables », Vapereau, *Dictionnaire universel des contemporains*, Paris, Hachette, 1880.

aussi les rôles, prétendent les méchantes langues.

Il n'est pas toujours facile de saisir dans sa vie amoureuse la part du cœur et celle de l'ambition ou de la vanité. Les deux se mêlent, sans doute, dans les sentiments qu'elle éprouve pour Mounet, alors que lui est totalement épris d'elle. De 1872 à 1874, ils sont partenaires dans *Britannicus, Andromaque* et *Phèdre*. Le couple qu'ils forment à la ville et à la scène transporte le public. Mais leur liaison n'est pas faite pour durer. Les nombreuses lettres qu'elle lui envoie, toutes enflammées et d'un style terriblement théâtral, expriment ses émois, ses regrets de ne pouvoir être à un rendez-vous et son amour total. « Appuie-toi sur mon cœur, le supplie-t-elle, réchauffe ma tristesse et mon scepticisme sur ta chaude âme, ouvre-moi ton être et laisse-moi y entrer, que je sois tienne toute, et reçois dans ce baiser fait de souvenirs et d'espérances tout ce que cœur de femme a de bon, de poétique. »

Malgré la flamme qui la consume, elle se lasse vite de Mounet. Au bout d'une année, les « Mon Jean bien-aimé » et les « Mon cher seigneur » font place à un « Monsieur Mounet-Sully » beaucoup plus formel et froid. Ils se quittent fâchés, se réconcilient, se quittent de nouveau. Mounet souffrira longtemps de l'abandon de Sarah. De lui, elle disait : « Il était d'une beauté magnifique ! Et quel brave cœur, mais il voulait faire le fou [allusion à la scène finale de *Ruy Blas*, quand il avalait une fiole de poison en faisant "glou-glou"]. Il était absolument merveilleux et d'autres fois infâme[1]. »

Ses autres amants, elle les recrute au sein de sa troupe. Citons Jean Angélo[2], un comédien sans grand relief mais d'une force phénoménale, Philippe Garnier, qui est le beau Marc-Antoine de *Cléopâtre*, et le malheu-

1. Une grande partie des lettres écrites par Sarah Bernhardt à Mounet-Sully, qui encore récemment faisaient partie de la collection de Bry, ont été publiées dans la biographie d'Arthur Gold et Robert Fizdale, *Sarah Bernhardt*, Paris, Gallimard, 1991.
2. Jean Angélo (1875-1933), acteur de théâtre et de cinéma. Sarah l'engage dans sa compagnie en 1903.

reux Hamlet, Pierre Berton, dont on parle généralement peu et qui occupe une place à part dans sa vie amoureuse. Leur amitié est ancienne. Il l'a aidée à entrer à l'Odéon en 1866, ils connaissent une histoire d'amour brève mais intense. Elle rejette sa demande en mariage, mais l'engage dans sa compagnie. Avec Édouard De Max, la relation reste purement platonique. Les goûts sensuels du Roumain sont ailleurs, mais son talent est certain. Leur collaboration au théâtre commence en 1893, leurs relations sont celles du chien et du chat. Ils s'aiment et se haïssent car ce sont deux caractères dominateurs. Être partenaire de scène de Sarah ne signifie pas *ipso facto* devenir son amant. Lucien Guitry et Constant Coquelin lui donnent la réplique sans pour autant transiter par son lit.

En tournée, Sarah, accaparée par ses représentations, évite les aventures sentimentales sans lendemain. Elle n'a pas le temps d'y penser, sautant d'une ville à l'autre. Cela ne l'empêche pas, cependant, de regarder les hommes d'un œil avisé. « Je suis sûre que les Américains sont de grands amants, avance-t-elle un jour. Ils sont si forts, si primitifs, et si enfants dans leur ardeur. Les Anglais sont des hommes qu'il est merveilleux d'aimer car ils ont la faculté de vous faire plier à leurs désirs, à leurs aversions et à leurs humeurs sans avoir l'air de vous l'imposer. Mais les Américains sont encore mieux, car ce sont eux qui se plient pour vous plaire. »

En dépit des principes religieux que lui ont inculqués les sœurs de Grandchamps, elle ne conforme pas vraiment sa vie aux règles de la morale ordinaire. Si elle considère le mariage comme une affaire sérieuse, pour le reste, elle agit selon ses pulsions. La séduction fait partie de ses armes. Elle ne se prive pas de l'utiliser, surtout avec les critiques. Parce qu'à ses débuts à l'Odéon les papiers de Francisque Sarcey ne lui étaient guère favorables, et qu'ils risquaient de nuire à sa carrière, elle lui oppose d'autres arguments pour mieux le circonvenir. Elle s'en explique d'ailleurs sans le moindre embarras. « Il pouvait faire entrer ou démissionner n'importe qui à la Comédie-Française, écrit-elle. Il était mon ennemi depuis le début et j'en fis mon ami quand il fut nécessaire que ça le soit. » Point final.

Sa liaison avec Jules Lemaitre, critique et auteur dramatique, poursuit sans doute un objectif plus complexe, où se mêlent intérêt bien compris et admiration mutuelle. Sarah a choisi de présenter *Les Rois*, l'une de ses pièces, pour l'inauguration du théâtre de la Renaissance en 1894. Il sera l'un des rares amis à être invités régulièrement à Belle-Île, où l'actrice se repose des excès de la vie parisienne. Bien d'autres auteurs la courtisent. À tout seigneur tout honneur : comment ne pas nommer en premier Victor Hugo, dont la sollicitude à son égard est à l'origine de son engagement théâtral, un aiguillon bienfaiteur, en quelque sorte. Même si une génération les sépare, ils sont tous deux des romantiques attardés. Sarah est l'ineffable reine de *Ruy Blas* en 1872, une éblouissante héroïne hugolienne dans *Lucrèce Borgia*, qu'elle met en scène et joue en 1911, vingt-six ans après la mort du grand poète.

Chaque jour, soit dans son théâtre soit chez elle, des écrivains en herbe sonnent à sa porte pour lui proposer de nouveaux textes. Dire qu'elle mesure le talent d'un jeune espoir en fonction de sa plastique corporelle serait une pure calomnie, celle justement dans laquelle nous ne voulons pas tomber. Cependant, il faut bien reconnaître que la femme est sensible à la beauté physique. Les hommes qui deviennent ses amants sont presque tous grands et forts : Damala, Mounet-Sully et Jean Richepin répondent à ces critères esthétiques.

Son aventure avec Richepin n'est pas la meilleure affaire de sa carrière. Ses pièces ne lui apportent que des déboires et des déceptions, sans parler d'une vilaine histoire de rancœurs féminines. Jean Richepin est indépendant, impertinent, anticonformiste, autant de traits dans lesquels elle se reconnaît volontiers. Il a travaillé dans un cirque avant de se consacrer au théâtre. En 1876, il compose un hymne aux vagabonds, *La Chanson des gueux*, qui lui vaut une rapide popularité. À l'Ambigu, Sarah monte *La Glu*, un drame réaliste qu'il vient d'achever. Sarah est folle de ce poète taillé comme un athlète. En 1883, il écrit pour elle une pantomime, *Pierrot assassin*, qu'elle interprète avec Réjane et qui est un four. Puis c'est *Nana Sahib*, une histoire qui se déroule dans les Indes britanniques en 1857. Et un nouvel échec.

Sur ces entrefaites, paraît en librairie un livre de Marie Colombier, *Les Mémoires de Sarah Barnum*. L'auteur est une ancienne camarade de Conservatoire de Sarah. Elle a participé à sa première tournée en Amérique et en a rapporté un récit vivant, publié sous le titre *Voyage de Sarah Bernhardt en Amérique*. Marie Colombier, premier prix de tragédie (ce que n'a pas obtenu Sarah), entretient une rancune tenace envers cette vedette qui lui ravit la gloire pour ne lui laisser que des seconds rôles. Ses sentiments éclatent dans ce pamphlet violent et diffamatoire, *Sarah Barnum* (le cirque américain Barnum and Bailey était une grande attraction en Europe). Débordant de viles accusations, ce livre ne vaut que d'être feuilleté. Sautent aux yeux quelques phrases du genre : « Elle [Sarah] chassait à l'homme et à l'engagement avec une frénétique ardeur. » Ou encore : « Mademoiselle n'avait de sa race que l'âpreté au gain sans posséder l'habileté de veiller à la faire connaître. »

Sarah réagit à l'attaque avec une violence impulsive, et c'est légitime. Accompagnée de Richepin, elle se rend chez Marie Colombier et saccage tout son appartement. Cet éclat est suivi d'un duel entre Paul Bourget, défenseur de l'offensée, et Paul Bonnetain, protecteur de l'insolente. Pour faire disparaître ce livre maudit, Sarah en rafle tous les exemplaires en circulation. Moins inspirée, elle prend la plume pour se venger. Il en sortira quelque chose d'aussi bas, qui ne fait pas honneur à son auteur, *La Vie de Marie Pigeonnier*, une diatribe qu'elle écrit en 1884 avec l'aide de « Jean Michepin ». Le scandale est énorme. Il retentit jusqu'aux États-Unis. Le coup de Marie a fait mouche. Pour les journalistes comme pour le public, Sarah sera dorénavant, et pour longtemps, Sarah Barnum. Le journaliste Albert Wolf remarque judicieusement que « Sarah Bernhardt eût mieux fait de rester chez elle, de s'envelopper dans sa dignité de grande artiste et de laisser le dédain public faire justice d'un livre abominable ». Quant à Marie Colombier, sa carrière ne souffre en rien de cet incident[1].

La liaison de Sarah avec Richepin se termine mal. Après un nouvel échec avec une traduction de *Macbeth*, il la quitte sans crier gare en 1884. Ses lettres passionnées n'y feront rien. Déprimée, elle se retire loin du monde dans sa propriété de Sainte-Adresse, près du Havre, pour cuver son chagrin.

L'amitié de Sarah et d'Edmond Rostand repose sur une communauté de pensée, sans qu'on puisse établir avec certitude qu'ils furent amants. Ils vont traverser ensemble, pendant de longues années, des moments d'exaltation et de bonheur communs. La fougue de Sarah et la confiance qu'elle a en son « poète chéri » stimulent le caractère perpétuellement inquiet et neurasthénique de Rostand. Il la vénère, et qu'importe qu'elle ait près de cinquante ans. Elle est sa muse, son inspiratrice. Il est né en 1868, quand elle récolte déjà ses premiers lauriers à l'Odéon. Il a vingt-huit ans quand il la rencontre en 1895, sur la recommandation de Jean Richepin.

Sarah reçoit ce jeune poète, qui, par sa timidité, lui rappelle Édouard de Lagrenée. Il a composé pour elle un long poème en vers, *La Princesse lointaine*, dont la lecture la transporte. En 1895, elle monte la pièce au théâtre de la Renaissance avec une débauche de costumes et de décors peints par Alfons Mucha. Le tout se déroule langoureusement dans une Antiquité de légende. Le public bâille et s'ennuie à mourir. À la trente et unième représentation, le spectacle est retiré de l'affiche. Sarah s'en doutait un peu. « Il se peut que la pièce, avait-elle prédit, ne fasse pas le sou, mais cela m'est

1. Marie Colombier connaîtra un certain succès au théâtre. Elle tiendra également un salon et s'adonnera à la littérature. L'oubli serait passé sur elle, sans un joli portrait de Manet reproduit sur la page de garde de son livre.

absolument égal… Je la jouerai quand même pour mon plaisir. » Rostand ne se décourage pas. Il écrit deux autres pièces pour Sarah, *La Samaritaine* en 1897 et *L'Aiglon* en 1900. Il achève la rédaction de *L'Aiglon* au bord de l'épuisement. À la lecture des scènes qu'il lui remet au fur et à mesure, Sarah s'emballe. Elle réclame la suite, mais Rostand bute souvent sur la recherche des effets. Il confesse à Sarah que parfois l'inspiration se refuse à lui, qu'il a des langueurs à lui faire perdre la tête. « Il y a dans la production poétique un mystère, reconnaît-il. Je suis moins en train que je ne le devrais et je m'obstine, quelle que soit la douleur à forcer le travail littéraire, c'est par amour de vous[1]. »

Le 15 mars 1900, *L'Aiglon* triomphe au théâtre Sarah-Bernhardt, un triomphe que la compagnie exporte ensuite dans toutes les villes des États-Unis. Le verbe magique du poète, son art de l'effet, mêlé à ce « panache » qui a transporté le public parisien avec *Cyrano de Bergerac* deux ans auparavant, se répètent en mineur dans *L'Aiglon*. Sarah, à soixante ans, travestie en éphèbe phtisique de vingt ans, mourra plus de mille fois sur scène. Ce sera sa dernière grande composition. Elle gardera jusqu'à sa mort une tendre amitié pour son « poète chéri » et sa famille. Rostand l'immortalise dans le sonnet qu'il dédie à sa « Reine de l'attitude » et à sa « Princesse des gestes », au cours de l'hommage que Paris lui rend en décembre 1896.

Pourtant, s'il ne fallait nommer qu'un auteur parmi tous ceux dont le nom reste associé à celui de la grande tragédienne, on citerait Victorien Sardou. Si Victor Hugo et Alexandre Dumas ont cautionné ses débuts, si Rostand l'accompagne dans sa vieillesse, Sardou occupe la période centrale de sa vie. Grâce à lui, elle acquiert sa formidable popularité et sa gigantesque fortune. *Fédora, Gismonda, Théodora, La Tosca*, ces œuvres magnifiques, il les a conçues rien que pour elle. Autant de pièces

---

1. Cette lettre ainsi que plusieurs autres d'Edmond Rostand adressées à Sarah ont été vendues aux enchères à l'hôtel Drouot le 24 novembre 1999.

savamment construites et dont la progression dramatique conduit invariablement l'héroïne vers la mort.

La critique n'est pas toujours tendre envers ce théâtre de carton-pâte. Certains reprochent même à Sarah de préférer à des auteurs comme Lugné-Poë ou Ibsen, qui ouvrent des voies nouvelles, un Victorien Sardou qui se contente de répéter indéfiniment la même intrigue amoureuse, selon des procédés éculés. Néanmoins, entre la critique de fond et les réactions du public, Sarah n'hésite pas. Elle se sent plus à son aise dans un théâtre à fleur de peau que dans l'analyse psychologique.

Autour de 1900, trois comédiennes occupent le devant de la scène. On dit de Sarah Bernhardt qu'elle est une artiste mondiale ; Julia Bartet est considérée comme une artiste française et Réjane comme une artiste parisienne. Sarah, comme toutes les divas, n'aime pas qu'on lui fasse de l'ombre. Avec ses petites protégées, elle ne craint pas de se voir ravir la vedette. Citons, pêle-mêle, Suzanne Seylor[1], Marie de Nys, qui appartient à un cercle de poésie où elle est connue comme « la voix des poètes », Lucie Delarue-Mardrus[2], une jeune poétesse que lui présente Rostand et qu'elle recommande à son éditeur Fasquelle. N'oublions pas non plus Marguerite Moreno et Mary Marquet, deux de ses élèves auxquelles elle transmet un peu de son art de la diction et de son amour du théâtre. Faut-il voir dans cet intérêt pour les jeunes femmes des inclinations d'un autre ordre ? Certains, comme Jean Lorrain, ont

---

1. La jeune Suzanne Seylor a dix-sept ans quand elle se précipite éblouie sur Sarah à Brest en 1887, après une représentation de *Phèdre*. À la mort de Mme Guérard, elle entre à son service comme cameriste et confidente. Elle joue également dans la compagnie. Son nom figure régulièrement sur les programmes. On verra aussi apparaître, dans l'entourage féminin de Sarah à Paris comme à Belle-Île, le nom de Mme de Najac, la « petite comtesse chérie ».

2. Lucie Delarue-Mardrus (1880-1945). Avant d'épouser le docteur Mardrus, traducteur des *Mille et Une Nuits*, elle rencontre Sarah en 1897. L'actrice l'appelle « mon bébé ». Sa recommandation à Fasquelle suffit à faire éditer les premiers recueils de la jeune poétesse, que ses amours saphiques contribuèrent à faire connaître.

tranché sans hésiter – mais sans apporter non plus la moindre preuve.

Dans sa jeunesse, Sarah a côtoyé les étudiants du Quartier latin et des écrivains comme Sand, Dumas, Hugo ou Théodore de Banville. Pendant la guerre de 1870, elle a su se gagner des appuis auprès des politiques, comme Henri Rochefort ou Léon Gambetta... Étoile montante de la Comédie-Française, elle est devenue la coqueluche de Paris. Grâce au beau Charles Haas, le « Monsieur Second Empire », un temps son amant, elle est adoubée par la société du faubourg Saint-Germain.

Elle rassemble autour d'elle ses collègues comédiens et des peintres avec lesquels elle fonde la « Société du doigt dans l'œil ». Elle se joint à la société des Hydropathes, un club à la mode où elle se rend avec Maurice Rollinat, un poète dont un recueil intitulé *Névroses* n'est pas pour lui déplaire. Elle se flatte de l'amitié que lui accordent le prince et la princesse de Galles. Albert-Édouard, futur Édouard VII, amateur de la vie parisienne et de ses plaisirs, figure au nombre de ses admirateurs. Avec la princesse Alexandra, son épouse, Sarah aime parler « chiffons » et petits chiens.

Ces cercles d'amis, elle en a besoin pour briller, pour se donner confiance et pour dominer. Ils se font et se défont au gré des rencontres et des affinités. Après 1890, sa « cour » se compose de Rostand, de Jules Lemaitre, de Reynaldo Hahn, de Georges Clairin et de Louise Abbéma, ses peintres attitrés, ou encore de William Busnach, l'adaptateur à la scène des romans de Zola et le dernier en date de ses amis-amants. Plus tard, Jean Lorrain, le romancier de la vie mondaine qui se complaît dans la description de ses travers les moins avouables, ou encore Pierre Loti[1] rejoignent ce premier cercle d'intimes.

1. Avec Lorrain et Loti, Sarah joue au chat et à la souris, tour à tour proche et lointaine. Pierre Loti qui, telle Cléopâtre, s'enroula un jour dans un tapis persan pour apparaître devant elle, se vantera d'avoir été son amant. Malgré ses yeux maquillés et son allure efféminée, son physique d'athlète ne pouvait que séduire charnellement Sarah.

Par Robert de Montesquiou, Sarah a ses entrées dans le « monde ». Poète maniéré et esthète raffiné (Huysmans en fait son héros Des Esseintes dans *À rebours*, et il sert de modèle à Proust pour le baron de Charlus), Montesquiou noie son désœuvrement dans l'artificialité des salons parisiens, en particulier celui de la comtesse Greffulhe. Sarah le fascine. La fascination et l'admiration sont les seuls sentiments forts que monsieur le comte puisse accorder aux femmes. Il la compare aux Salomés lascives et rutilantes de Gustave Moreau[1]. « Je vous aime d'une infinie et douce tendresse, lui écrit-elle en remerciement de ses compliments. Je vous aime d'un amour maternel et divin et je suis bien sûre que ma vie est suspendue à la vôtre. » Il lui fait découvrir la peinture, l'initie à la poésie, l'emmène aux bals masqués que Madeleine Lemaire, un peintre mondain, donne dans son atelier de la rue de Monceau. Y être convié constitue alors un brevet de parisianisme. Elle fréquente assidûment le Palais-Rose de Boni de Castellane[2].

1. Pour Jean Lorrain, Sarah, dans ses « ondoyantes robes d'intérieur », apparaît « ondulante et mourante » comme la « fille de Gustave Moreau, sœur des muses porteuses de chefs décapités, d'Orphée et des Salomés sveltes et sanglantes ». En cette fin de siècle, le thème de Salomé est très à la mode depuis que Moreau l'a adopté comme leitmotiv pictural. Sa *Salomé tatouée* suivie de *L'Apparition* au Salon de 1876 firent sensation par l'innovation théâtrale de la tête coupée de saint Jean-Baptiste et le raffinement dans les tissus et les bijoux d'une femme triomphante et cruelle. Les Salomés de Moreau renouvelèrent l'inspiration des écrivains. En 1882 Oscar Wilde écrit une *Salomé* en un acte et en français dans l'espoir que Sarah Bernhardt la montera à Londres. Mais la pièce est censurée pour des raisons religieuses. Ce personnage avait toutes les raisons de lui plaire et l'auteur n'était pas un inconnu. En 1887, Wilde propose *Salomé* à la Duse, qui la refuse. Finalement, c'est Loïe Fuller, la danseuse américaine, qui la reprendra en 1895, après l'avoir remaniée, dans un ballet où elle apparaît en Salomé victime de la machination d'Hérode, dans des effets lumineux dont la danseuse avait fait sa renommée.
2. Celui-ci a écrit un drame en un acte qui se passe sous la Révolution, *Le Festin de la mort*, qu'il fait représenter pour animer l'une de ses soirées. En 1904, Sarah l'inscrit à son répertoire et l'interprète dans des fêtes de charité.

Dans cet univers où domine le paraître, où l'on médit pour le plaisir de faire un bon mot, toujours aux dépens de quelqu'un, Sarah ne retrouve pas toujours ses marques, car son monde à elle, c'est le théâtre, là où les « vibrants » se donnent entièrement et sans tricherie au public. Elle ne compte plus les fois où elle s'est évanouie dans *Phèdre* ou dans *La Dame aux camélias*. Son vrai public, celui dans lequel elle se reconnaît, n'est pas la foule habillée des premières, des dilettantes et des femmes du monde, mais le public populaire, celui qui frémit et qui tremble quand Fédora prend la fiole de poison ou quand Tosca lève son poignard sur Scarpia, le chef de la police, en s'écriant : « Meurs ! Meurs ! »

Ses amis, ses amants, sa famille, Sarah en a besoin pour vivre sa vie de femme, pour progresser dans sa carrière, pour être admirée et rassurée. Les relations qu'elle entretient avec ses proches sont complexes. Elle se révèle alternativement dominatrice et repentante, mais il semble qu'elle soit plus sincère dans l'amitié que dans l'amour. Tel don Juan, elle est perpétuellement en quête de nouvelles conquêtes, qu'elle quitte ensuite rapidement pour passer à d'autres aventures. Parfois, quand on l'abandonne, elle semble blessée, mais c'est d'orgueil et non d'amour. De son enfance délaissée (sur le plan affectif), elle a retiré une sorte d'indifférence qui l'a blindée et une maîtrise de soi derrière laquelle elle se protège. Ce qui la sauve, c'est cette énergie qu'elle dispense dans tous les domaines de la création, dans les beaux-arts entre autres.

CHAPITRE VI

En marge des salons : une œuvre de peintre et de sculpteur

Il ne faudrait pas croire que cette femme insolite et si peu conventionnelle ne doive sa renommée qu'à son seul talent d'actrice et à sa vie scandaleuse. Sarah possède de vrais dons artistiques qu'elle développe et perfectionne selon ses besoins créatifs, par à-coups, à différents moments de sa vie. Peindre ou sculpter lui est aussi nécessaire que monter sur les planches ou diriger une troupe d'acteurs. Et elle y met la même énergie. Toutefois, les critiques ne comprennent pas toujours que quelqu'un d'aussi doué gaspille ses talents en se dispersant autant. Le talent agace.

Son désir de peindre se manifeste très tôt. À quinze ans, elle s'enferme dans sa chambre pour copier Ingres. « Tu sais bien, maman, comme j'aime la peinture », répond-elle à Judith qui s'étonne de la voir dessiner. Il ne s'agit pas d'une lubie, ni d'une « passion soudaine ». Sarah a toutes les raisons d'être sensible à l'art. Elle a grandi dans un milieu élégant, entourée d'un beau mobilier, d'objets de prix et de tableaux.

À seize ans, elle s'est inscrite à l'école d'art Colombier, rue de Vaugirard, où elle suit les cours de mademoiselle Gaucher. Elle travaille avec application et obtient un premier prix pour une huile intitulée *L'Hiver aux*

Champs-Élysées[1], que salue *Le Mercure de Paris* d'octobre 1860. « Bien que très jeune, mademoiselle Bernhardt montre un extraordinaire talent, nous avons rarement eu le plaisir d'accueillir aux Beaux-Arts une jeune artiste au talent aussi prometteur, y lit-on. Il n'y a aucun doute que mademoiselle Bernhardt deviendra l'un de nos plus grands peintres et qu'elle obtiendra la gloire pour elle-même et pour son pays. »

Mais peut-elle sérieusement envisager de faire carrière dans la peinture quand, pour les femmes, cette voie est encore semée d'embûches ? L'École des beaux-arts leur est pratiquement fermée[2]. Elles ne peuvent donc compter que sur des ateliers privés, et encore, tous ne les acceptent pas. Heureusement, au lendemain de la guerre de 1870, le peintre Rodolphe Jullian a ouvert une école libre des beaux-arts qui admet les femmes. « Jullian, écrit son biographe, ne s'inquiéta ni des procès de tendance qu'on voulut instruire contre sa tentative, ni des épigrammes boulevardières dont on accabla si longtemps les *pintresses* et les *rapines*. » L'initiative de Jullian n'est pas isolée. D'autres ateliers, tel celui de Charles Chaplin, par où passent Louise Abbéma et Madeleine Lemaire, ou encore celui de Gervex, où l'on peut étudier sur le modèle vivant, se révèlent être des foyers de talents féminins.

Sarah, après l'école Colombier, renonce à pousser plus loin son apprentissage. Elle se tourne résolument vers le théâtre, sans abandonner pour autant la pein-

1. Le tableau en question sera plus tard acheté par un ami américain de Sarah quand elle sera devenue célèbre... comme actrice.

2. Virginie Démont-Breton (1859-1935), une femme artiste, fait remarquer en 1907 dans *Les Annales* : « On n'instruira jamais trop les filles, surtout si cette instruction a pour but un métier qui peut devenir un gagne-pain. Quelques-unes se borneront peut-être à se servir de leurs études pour donner à leur toilette une harmonie, un cachet sortant de la banalité et du mauvais goût des ignorants, ce qui ne sera pas tout à fait inutile. Quant à celles qui sont réellement douées, qui sait ce qui pourra sortir de leur être prétendu inférieur, mais qui, pourtant, vibre et tressaille à toutes les manifestations de la beauté morale et physique des choses. »

ture, qu'elle pratique désormais comme un passe-temps. Elle aurait même encouragé Victor Hugo à peindre[1], en lui déclarant : « Quiconque sait écrire ou jouer, peut aussi peindre. » Souvent, ils se rendent à la campagne avec leur carnet de croquis sous le bras. En effet, l'impressionnisme aidant, les peintres prennent l'habitude d'aller planter leur chevalet en plein air. Sarah sillonnera la Bretagne en compagnie de Gustave Doré[2], un temps son amant. Désireuse de perfectionner sa technique, elle dessine des paysages et des personnages croqués sur le vif.

En 1878, l'année de l'Exposition universelle, Sarah, qui a déjà triomphé au théâtre dans *Le Passant, Ruy Blas, Phèdre*, expose au Salon une grande toile, plutôt bien accueillie, sous le titre *La Jeune Fille et la Mort*, avec ces vers :

La mort glisse en son rêve et tout bas : Viens, dit-elle,
La mort c'est l'éphémère et je suis l'immortelle.

Sarah n'a pas réellement de maître. Elle suit les conseils d'Alfred Stevens, de Georges Clairin, de Gustave Doré, qui l'encouragent à persévérer. Son travail ressemble plus à celui d'un amateur doué qu'à celui d'un professionnel. Elle se définit comme bonne coloriste, elle réalise plusieurs portraits de ses proches : Thérèse Berton, Suze Rueff, Mme Guérard. Elle ne dédaigne pas non plus les paysages. Ses dessins, sou-

1. Hugo n'a pas attendu Sarah Bernhardt pour se saisir du crayon et de l'aquarelle et pour donner libre cours à son art de dessinateur. Après 1830, ses croquis de paysages, ses portraits, illustrent toute la mesure de son talent.

2. Gustave Doré réalisa en tant que sculpteur un vase en bronze doré, *La Vigne*, remarqué au Salon de 1882 ainsi qu'un groupe pour le socle du monument d'Alexandre Dumas, place Malesherbes à Paris. Sarah se rend avec lui en Bretagne pour faire des croquis de paysages et de personnages. Tous les deux sillonnent la région, incognito, vêtus de pantalons en velours côtelé et portant leur chevalet sur le dos. Ils dorment dans les fermes et Sarah est ravie d'être prise pour l'apprenti de Doré.

Caricature d'André Gill.

Sarah sculpteur, par A. Willette.
(*Le Chat noir*, 1882.)

vent des autoportraits, sont vifs et enlevés. En 1879, pendant la tournée de la Comédie-Française, elle expose à Londres seize tableaux, dont des scènes de genre et des portraits.

La sculpture prend bientôt le relais. Elle s'y est mise en 1874, tout à fait par hasard, pour préparer un rôle qui l'obligeait à modeler un sujet sur scène. Elle en apprend les rudiments avec Gustave Doré et se découvre de réelles aptitudes pour cette forme d'expression artistique. Ses progrès sont rapides. Elle loue un atelier rue de Clichy, travaille « avec une ardeur folle », après les représentations. Elle passe des nuits entières debout devant sa sellette à sculpter d'après le modèle vivant, notamment « une femme et un garçonnet que je bourrais de friandises et qui finissait par s'endormir un sucre d'orge dans la bouche », raconte-t-elle. Elle devient l'élève de Roland Mathieu-Meusnier[1], prend des leçons d'anatomie avec le docteur Parrot.

Son premier essai est un buste en médaillon de la tante Rosine qu'elle réalise en une nuit. Rapidement l'élève prend de l'assurance. Elle sculpte de nombreux bustes de jeunes femmes, dont celui de Régina qu'elle achève peu de temps avant la mort de sa sœur. Elle demande à Émile de Girardin, le grand patron de presse, ou au dramaturge William Busnach de bien vouloir poser pour elle. Ensuite, ce sera au tour de Clairin, Sardou, Rostand, Maeterlinck[2]...

En 1876, elle obtient au Salon une mention honorable pour un groupe en plâtre grandeur nature inti-

---

1. Roland Mathieu-Meusnier (1824-1876). Sculpteur académique, il est l'auteur de nombreux portraits et d'œuvres monumentales.

2. Une anecdote cocasse illustre l'assiduité de Sarah dans son travail de sculpteur. Et sa vanité aussi. Un jour que Rostand et Maeterlinck posent ensemble dans son atelier et qu'elle s'attarde à ses modelages, ils finissent par s'impatienter, d'autant qu'ils sont attendus à un dîner donné en l'honneur du président de la République. Comme ils lui font part de leur obligation de partir, elle leur répond : « C'est un bien plus grand honneur, messieurs, d'être le prisonnier de Sarah Bernhardt que d'être un lion en représentation pour le Président. »

tulé *Après la tempête*. Il représente une vieille Bretonne tenant sur ses genoux le corps de son petit-fils mort noyé[1]. Sarah aurait toutes les raisons d'être fière de sa médaille d'argent. Pourtant, à la vue des pièces concurrentes, qu'elle juge fort supérieures à la sienne, elle est prise de découragement. Clairin doit l'empêcher de détruire son plâtre. C'est une tentation naturelle. Combien d'artistes ont ainsi fait disparaître sous le coup de la colère et de l'insatisfaction une partie de leur œuvre ?

En dépit des éloges, *Après la tempête* subit les assauts de la critique. Excentricité supplémentaire, disent les uns ; usurpation, proclament les autres. Rodin a déjà fait connaître haut et fort son opinion sur la production de Sarah. « Saloperie que cette sculpture », a-t-il lâché à propos d'un buste de jeune fille qu'elle a exposé en 1874. La grossièreté ne grandit pas son homme et surtout ne rend pas plus sûr son jugement. Il déteste cette manifestation suffisante d'un talent qui n'a pas pris le temps de mûrir dans la pratique et l'effort laborieux d'années d'apprentissage.

Sarah est tenace, entêtée, les attaques ne la découragent jamais. Elles auraient même le don de la conforter dans sa détermination à poursuivre, contre vents et marées, dans la voie qu'elle a choisie. En 1880, après avoir claqué la porte du Français, elle déclare à la presse : « C'est fini, j'ai appris à sculpter et à peindre, je vends trente mille francs par an. Je ferai de la peinture et de la sculpture. Le pinceau et l'ébauchoir, ça me fera une seconde vie, beaucoup plus tranquille et plus fructueuse que la première[2]. »

Actrice ou peintre… pour l'opinion publique, il faut choisir. Émile Zola prend sa défense et réclame

---

1. Cette scène lui a été inspirée par un récit où il est question d'une vieille femme qui, après avoir perdu trois fils en mer et n'avoir pu retenir son petit-fils, marin comme ses père et oncles, pleure sur le corps inanimé de celui-ci, dont le bateau a fait naufrage.
2. Elle retire dix mille francs de la vente du plâtre original d'*Après la tempête*.

ironiquement une loi pour empêcher le cumul des talents.

L'ambition de Sarah va plus loin. Elle veut travailler à une grande composition et obtient de l'architecte Charles Garnier de participer à la décoration de la façade de l'Opéra de Monaco. Dans le groupe de *La Musique*, elle sculpte la figure du *Chant* et Gustave Doré celle de *La Danse*. Elle réalise également des œuvres de petite dimension, confirmant à l'occasion son attirance pour l'ésotérisme et les thèmes morbides. Dans *Le Fou et la Mort*, une terre cuite datée de 1877, le fou souriant, jambes croisées, tient sur un coussin un crâne humain. Sur son *Encrier fantastique* (1880), dont sont tirés plusieurs exemplaires en terre cuite et en bronze, elle s'est représentée avec des ailes de chauve-souris[1], penchée sur une vasque que tient un diable tirant la langue[2].

Peinte à son tour

Sarah Bernhardt n'est pas seulement la « Voix d'or » ou la « Sarah Barnum » qui défraie la chronique. Elle est aussi une silhouette extraordinairement mince, un corps aux lignes ondulantes, un visage nimbé d'un casque de

1. La chauve-souris fait partie du bestiaire de quelques esthètes. Robert de Montesquiou la choisit comme emblème. Considéré comme un symbole de longévité en Orient, cet animal nocturne est aussi celui du crépuscule et de la mélancolie. Cette dernière signification séduit Montesquiou : « L'étrange volatile m'a semblé représenter par son inquiétude et son incertitude, entre la lumière et l'ombre, l'état d'âme des mélancoliques. » Habité par ces images, Montesquiou publie en 1892 un premier recueil de poèmes intitulé *Chauve-Souris*. Sur la page de garde, le peintre Whistler a dessiné une nuée de ces chiroptères. Pour Montesquiou, la chauve-souris est aussi un élément décoratif. Il en conserve même un spécimen vivant dans une cage comme porte-bonheur. Sarah a décoré sa chambre de la rue Fortuny avec des motifs de chauve-souris et Mucha dessine pour son rôle de Médée une coiffure qui reprend la forme de l'animal.
2. De sa double carrière, le dictionnaire Bénézit ne retient que l'œuvre sculptée sans mentionner la peinture.

cheveux roux qui inspire les peintres, les sculpteurs, les photographes ou les affichistes.

Sarah occupe le centre de l'univers artistique de son époque. Ses relations, ses rencontres mondaines, sa notoriété et sa pratique personnelle de la peinture et de la sculpture la mettent en contact avec des artistes. Ce sont, en premier lieu, ses amis les plus proches, Georges Clairin[1] et Louise Abbéma[2]. Ces « Sarah-doteurs », comme on les appelle, jamais sevrés de son image, la croquent sous toutes les coutures. Boulevard Pereire, on ne dénombre pas moins de cinq médaillons de Louise Abbéma et vingt-cinq portraits de Clairin, qui la déclinent en Cléopâtre, en Théodora, en Aiglon...

Son amitié avec Clairin naît au moment où Sarah se lance dans les arts plastiques. Après 1870, elle crée avec eux, à l'imitation des cercles et associations mondains, une société qu'elle préside et qui prend le nom de Société du doigt dans l'œil. « Modestie pour autrui, mais pour nous-mêmes orgueil », telle est leur devise. Unis dans cette confrérie loufoque, où l'on s'amuse bien, ils se soutiennent et font bloc quand la critique éreinte leurs œuvres.

Georges Clairin devient le dévot absolu de Sarah. Il passe pour son esclave tant sa soumission à celle qu'il appelle sa « Dame jolie » est totale. Un portrait de lui, daté de 1885 et conservé au musée d'Hazebrouck, nous le montre bel homme, avec des yeux bruns au charme ravageur. Leur attachement, au départ purement platonique, se transforme en histoire d'amour. Pendant l'année 1878, ils se retrouvent dans l'atelier du peintre,

1. Georges Clairin (1843-1919) est l'auteur de grandes compositions murales à la Sorbonne, à l'Hôtel de Ville de Paris, ainsi que dans le foyer des Opéras de Paris et de Tours.
2. Louise Abbéma (1853-1927), descendante de Louise Contat, de la Comédie-Française, est très liée au milieu du théâtre. Elle fait partie des portraitistes mondains. Louise Abbéma est née en 1853, comme son acte de naissance à Étampes l'atteste, et non en 1858, comme tous les dictionnaires, y compris le Bénézit, l'indiquent (voir le mémoire de DEA d'Olivia Droin sur Louise Abbéma, soutenu en 1993 à l'université de Paris-I).

au 62, rue de Rome, où ils travaillent de concert, échangeant leurs œuvres, une statuette contre une aquarelle, que l'un dédicace à l'autre : « À la femme parfaite », écrit Clairin ; « À mon homme parfait », rétorque Sarah.

Sarah pose pour lui. Il la peint en Bohémien, vêtue de haillons et jouant de l'harmonica. Bientôt, et l'on ne s'en étonnera pas, il passe de l'état d'amant à celui d'ami. Elle fait de lui son portraitiste officiel. Ses sentiments et la grande intimité qui unissent Clairin à son modèle transparaissent dans son plus fameux portrait, celui exposé au Salon de 1876 et aujourd'hui conservé au musée du Petit Palais. Sarah, alanguie et à demi couchée sur un lit chargé de coussins, offre sa silhouette serpentine au regard amoureux du peintre[1].

Comme Clairin, Louise Abbéma est dévouée à l'Idole. Elle est membre cofondatrice de la Société du doigt dans l'œil, comme le rappelle l'un des couplets de la « chanson » du groupe :

Être deux femmes plus un homme
Égaux tous les trois devant l'Art
En outre penser qu'on se nomme
Abbéma, Clairin et Bernhardt.

Il se raconte beaucoup de choses, notamment chez Montesquiou et Lorrain, sur la nature des liens qui unissent ces deux femmes. Elles se sont croisées en 1871 dans les allées d'une exposition au palais de l'Industrie à Paris. Liaison saphique ou pas, il n'empêche que Sarah et Louise nous offrent le bel exemple d'une amitié de cinquante ans. Louise Abbéma, on ne peut le nier, cultive son allure virile. Elle n'est pas la première. George Sand, Rosa Bonheur se sont habillées bien avant elle en garçon. Étonner, voire scandaliser

1. De nombreuses années plus tard, Clairin, obligé de représenter une Sarah de plus en plus impatiente, absente et vieillissante, aurait pris pour modèle sa jeune concierge, revêtue des habits de sa « Dame jolie ».

serait plutôt pour plaire à ces femmes au tempérament fort[1].

Louise Abbéma joue les chiens de berger auprès de Sarah. Elle est la confidente et le garde du corps, dans l'appartement, dans la loge, au départ et à l'arrivée des voyages, dans la maison de Belle-Île. Son premier portrait de Sarah fournit le modèle d'un médaillon en bronze qui est présenté au Salon de 1878. L'année suivante, c'est au tour de Sarah d'exposer un buste de son amie. Un autoportrait de Louise, daté de 1876 et peint dans le style de Manet, révèle le fin visage d'une jeune fille de vingt-deux ans. L'année suivante, sur l'un de ses tableaux, *Le Déjeuner dans la serre*, elle se représente accoudée sur un sofa, à côté de ses parents et de Sarah, dans le jardin d'hiver de l'hôtel de la rue Fortuny.

La fidèle Louise assistera Sarah dans ses derniers instants. À la mort de l'actrice, elle écrit au ministère de l'Instruction publique et des Beaux-Arts pour demander que figure dans un musée de l'État « le dernier portrait de ma grande amie peint à Belle-Île en 1921. Ce serait pour moi une grande joie de voir s'éterniser ainsi le souvenir de notre fidèle amitié ». La demande reste sans réponse. Et le tableau est aujourd'hui dans une collection privée.

Au-delà du cercle restreint des fidèles, on rencontre le Belge Alfred Stevens (1823-1906), auteur d'un portrait de Sarah assise, tenant un éventail japonais ; l'Italien Giuseppe De Nittis (1846-1884) qui la représente dans le costume blanc de *Pierrot assassin* ; les Anglais Graham Robertson et Walter Spindler, l'Espagnol Antonio de La Gandara, très recherché par les femmes élégantes parce

1. Jane Dieulafoy (1851-1916), « la dame qui s'habillait en homme », étonna ses contemporains autant par ses habitudes vestimentaires que par ses travaux d'archéologue en Perse où elle accompagna son mari, Marcel Dieulafoy. Avant de porter des tenues masculines, plus adaptées à ses activités sur les chantiers de fouilles, elle avait endossé l'uniforme des francs-tireurs quand elle avait rejoint, pour se battre, l'armée de la Loire en 1870, au moment de la guerre franco-prussienne. Elle tenait à Paris un salon littéraire, où elle recevait en redingote et pantalon. Avec la journaliste Séverine et Anna de Noailles, elle défendit la cause féministe.

que son pinceau amincit habilement leur tour de taille.

On ne peut passer sous silence cet autre portrait de Sarah, peint en 1878, par Jules Bastien-Lepage[1]. Assise de profil, entièrement vêtue d'une robe moulante aux blancheurs argentées, elle tient dans la main une statuette d'Orphée qui n'est pas, comme on pourrait le supposer, une sculpture de Sarah, mais bien une terre cuite du peintre. Exposé au Salon de 1879, le tableau remporte un vif succès, et pour remercier l'artiste Sarah lui offre une palette gravée des initiales J.B.

Il faut dire un mot, enfin, de Hans Makart[2], qui signe un portrait de la Divine avec ses attributs mortuaires, son cercueil ouvert, une tête de mort et une bougie inclinée. De manière assez surprenante, une aquarelle du comte Ludovic Napoléon Lepic[3], datée de 1879, la représente entourée de tous les symboles de ses activités artistiques – la peinture, la sculpture, la tragédie et la littérature –, le tout dominé par un squelette qui tient une faux autour de laquelle s'enroule une branche de lauriers.

On est toutefois surpris de ne trouver dans la liste des peintres qu'elle inspira aucun des grands portraitistes de son époque, les Carolus-Duran, Sargent, Boldini, Whistler (elle aurait pu le rencontrer chez Robert de Montesquiou) ou James Tissot qui dessina pourtant les costumes de *La Samaritaine*. Personne non plus parmi les impressionnistes, alors que Manet a peint Marie Colombier, sa rivale.

En dépit des apparences, Sarah reste foncièrement conservatrice dans ses goûts artistiques, comme dans ses choix d'auteurs. Il y a aussi dans sa vie des rendez-vous manqués. Avec Gustave Moreau par exemple, dont les

---

1. Jules Bastien-Lepage (1848-1884) est plus connu comme peintre pleinairiste que comme portraitiste.
2. Hans Makart (1840-1884) est le plus célèbre des peintres allemands et autrichiens de l'époque. Il réalise des tableaux allégoriques et peint un deuxième portrait de Sarah à Vienne en 1882.
3. Ludovic Napoléon Lepic (1839-1890), peintre et sculpteur, est l'auteur de nombreuses marines. Cette composition, que Sarah conservait, fut vendue à son décès. Elle est repassée en vente publique le 16 novembre 1983.

Mucha, 1896 – Menu pour le banquet de la journée de Sarah Bernhardt. (Devambez, Impr.)

Salomés et autres divinités paraissent avoir été directement influencées par la rousse et languide Sarah couverte de joyaux de *Théodora* ou de *Cléopâtre*. Autre exemple avec le peintre préraphaélite Edward Burne-Jones. Sarah l'a rencontré à Paris en 1870, elle le retrouve à Londres en compagnie d'Oscar Wilde. Il rêve de faire son portrait, mais Sarah toujours pressée renonce aux séances de pose. L'occasion ne se représentera plus.

Il nous reste à mentionner l'affichiste Alfons Mucha (1860-1939). Cet artiste tchèque formé à Vienne est venu, comme tant d'autres, tenter sa chance à Paris. À la fois illustrateur et peintre, son nom est étroitement associé au style Art nouveau. Il entre dans la vie de Sarah en 1894, avec un projet d'affiche pour *Gismonda*. Elle a cinquante ans et devient sa muse.

Influencé par Hans Makart dans le choix de la femme et de la fleur comme source d'inspiration, Mucha installe la silhouette féminine au centre de la composition, sur un fond souvent de mosaïques, et il l'entoure de lignes courbes et de coloris délicats. Son esthétique va de pair avec les goûts de Sarah.

Avec les affiches de Mucha le public peut acquérir à bas prix l'image ainsi magnifiée de son idole[1].

Muse des peintres et des sculpteurs, Sarah attire à elle une pléiade d'artistes qui contribuent à l'entretenir dans le culte de son propre ego[2]. Non contents de la représenter comme on multiplierait les effigies d'une idole, ils s'enchaînent à la Divine en travaillant à ses spectacles et en œuvrant à la décoration de ses intérieurs, qui sont autant d'images réfléchies d'elle-même.

---

1. Sarah Bernhardt fait également appel à d'autres affichistes célèbres, comme Jules Chéret (1836-1932) et Eugène Grasset (1845-1917).
2. Le musée d'Orsay conserve plusieurs bustes de Sarah par Louise Abbéma et Gérôme ainsi qu'un médaillon signé René Lalique.

CHAPITRE VII

De Paris à Belle-Île, les demeures de Sarah

On est d'un quartier comme on est d'un pays. Le choix d'un lieu d'habitation a pendant longtemps été révélateur de l'appartenance sociale. Dans les années 1880-1900, il est de bon ton d'habiter la rive droite. L'intelligentsia aisée, les écrivains, les artistes, les demi-mondaines vivent de préférence dans la plaine Monceau ou dans le quartier de l'Étoile, tandis qu'autour de Pigalle se regroupent les peintres, les sculpteurs. Changer d'appartement n'offre pas de difficulté et la construction d'un hôtel particulier est une ambition légitime pour quiconque a socialement réussi. « Les fortunes considérables amassées par les stars leur servent souvent à soutenir un train de vie qui se doit d'être princier. Domesticité, équipages, fleurs, soies, fourrures, palaces, sont les moindres éléments de leur quotidien », fait remarquer Jean-Michel Nectoux[1].

La plaine Monceau, là où la spéculation immobilière est la plus forte dans le Paris de la seconde moitié du XIXe siècle, attire des banquiers, des aristocrates, des comédiennes, des courtisanes et des artistes intéressés par le voisinage d'une riche clientèle[2].

---

1. Voir le catalogue de l'exposition *Stars et monstres sacrés*, musée d'Orsay, RMN, Paris, 1986.

2. André de Fouquières, esthète et mondain de la Belle Époque, a très bien décrit l'ambiance des différents quartiers parisiens dans *Mon Paris et ses Parisiens*.

La splendeur de la comédienne au firmament de sa réussite se reflète également dans l'architecture et les aménagements de ses demeures. La « maison » devient son emblème. « La construire et l'aménager permet de convertir utilement une bonne partie de ses gains, c'est aussi une manière éclatante de manifester sa personnalité. » Sarah accorde une grande importance à sa maison, à son « home », comme on dit alors. Dans ses hôtels particuliers, dans sa loge, elle reconstitue son univers familier.

Toute sa vie, elle restera fidèle au quartier qui s'étend de la gare Saint-Lazare aux Ternes. Elle habite successivement rue Duphot, rue Auber, rue de Rome, boulevard Malesherbes, rue Fortuny, rue Saint-Georges et, enfin, boulevard Pereire.

En 1869, elle s'installe rue Auber, à l'angle du boulevard Haussmann, dans un appartement de sept pièces. Les années de vaches maigres sont derrière elle. Elle a désormais les moyens d'aménager son cadre de vie conformément à ses goûts et à ses idées en matière de décoration intérieure. Elle a apporté un mobilier ancien hollandais que lui a légué sa grand-mère ainsi qu'une bibliothèque et des tableaux. Sa tante Rosine lui a donné un attelage avec deux poneys. Elle mène une vie de bohème, indifférente au désordre indescriptible qui règne chez elle. Des bouteilles renversées jonchent le sol, des manuscrits s'empilent sur la table, des reliefs de repas gisent sur un guéridon, la poussière recouvre tous les sièges. L'incendie de 1869 vient faire le ménage. Et table rase du passé. Elle n'a pu sauver aucun meuble ni le moindre objet des flammes. Tout est parti en fumée.

Ses amis, ses admirateurs lui offrent de quoi remeubler son nouvel appartement situé au 4, rue de Rome. Alléché par la publicité que peut lui faire la jeune artiste à la gloire montante, un critique qui est en même temps marchand propose de lui fournir à crédit tous ses meubles pendant six ans. Elle n'a qu'une notion approximative du coût des choses, elle achète et vit luxueusement sans se préoccuper du prix des objets, qu'elle doit parfois rendre faute de pouvoir les payer.

Elle a désormais cinq domestiques à son service et elle a deux voitures attelées dans sa remise, l'une pour aller au théâtre, l'autre pour la promenade sur les Champs-Élysées ou au Bois le dimanche matin.

Elle entasse un luxueux bric-à-brac au milieu duquel trône ce cercueil en bois de rose avec des poignées d'argent, capitonné de satin blanc, dont il a déjà été question. Insolite présent d'un admirateur pour qu'elle n'oublie jamais que son corps est poussière et que seule la gloire lui survivra ! Déposé dans sa chambre, déplacé dans le salon, entreposé dans l'atelier, elle le transporte partout avec elle, même à l'hôtel, où sa présence provoque effroi et répulsion. Elle y dort, s'y fait photographier étendue et parée comme une vierge morte, vêtue d'une longue robe blanche avec un lis à la main. Elle simule des cérémonies funèbres d'un goût douteux. « Tandis que je jouais au piano la *Marche funèbre* de Chopin, raconte Thérèse Berton, le poète Robert de Montesquiou plaçait cérémonieusement des bougies allumées autour du cercueil, tandis que les autres invités, parmi lesquels Jeanne Bernhardt et Mme Guérard, interprétaient un chant monotone rappelant un service funèbre. » C'est son objet fétiche, tantôt couchette, banquette ou table à thé.

Dès que s'affirme, parallèlement au théâtre, sa vocation pour la peinture et la sculpture, elle loue, sur le boulevard de Clichy, un vaste atelier lumineux, où s'entassent bien vite des canapés, des fauteuils, des tentures, des coussins à côté des sellettes[1]. L'endroit est aussi couru qu'un salon à la mode. Sur le divan recouvert d'une peau d'ours blanc, cadeau du peintre Clairin, s'assoient les amis et les amis des amis qui sont également les bienvenus. On y improvise des « soirées amusantes »,

1. Elle y reçoit, vêtue d'un curieux costume qui est une variante de la blouse de l'artiste peintre et qui rappelle l'habit de Pierrot, avec un pantalon et une veste de toile blanche ornée d'une collerette de tulle, d'une lavalière et de manchettes en dentelle, et de petits souliers à talons Louis XV. Une photographie la montre ainsi habillée, travaillant à l'ébauche d'une *Médée*.

on y converse, on y lit des poèmes, on y boit du champagne, parfois on y danse.

Perpétuelle voyageuse, cette nomade a besoin au retour de ses tournées d'un havre où s'ancrer, d'un gîte où se ressourcer, reprendre des forces, retrouver ses amis, recevoir les journalistes et travailler. En 1876, elle concrétise son rêve en achetant une parcelle de terrain dans la rue Fortuny, qui vient d'être ouverte en bordure de l'avenue de Villiers[1]. Félix Escalier, un architecte de renom, jette pour elle les plans d'un hôtel particulier à deux étages, brique et pierre, dans le style néo-Louis XIII très en vogue. Rien de très remarquable, sinon deux petits rongeurs sculptés à l'angle du mur. Le heurtoir en bronze de la porte, que Sarah a peut-être modelé elle-même, figure deux lions allongés encadrant une fine silhouette féminine drapée. Elle prend à cœur la construction de sa maison, fait rectifier les plans, suit le chantier avec assiduité, monte sur les toits et les échafaudages. Elle trouve là un dérivatif à ses déboires au théâtre (elle est en guerre ouverte avec la Comédie-Française). Elle met à contribution Georges Clairin, Ernest Duez[2], Picard[3], Parrot[4] et Félix Escalier pour décorer murs et plafonds. Ses amis peintres forment une joyeuse équipe. Ils inventent une complainte que Sarah accompagne au piano.

1. Une promenade dans cette petite rue calme au cœur de la plaine Monceau nous fait découvrir une série d'hôtels qui reflètent l'éclectisme architectural de la fin du siècle et qui furent habités par quelques célébrités contemporaines de Sarah Bernhardt. Au numéro 2 s'élève l'hôtel bien modeste où Edmond Rostand vécut de 1891 à 1897 ; au 27 et au 29, les deux maisons jumelles de Caroline Otéro et de Geneviève Lantelme, la belle actrice dont la noyade fut un événement controversé. Sur le trottoir d'en face, celle du maître verrier Joseph Albert Ponsin, avec ses décors sculptés et ses frises émaillées, s'oppose à la simplicité de la maison de Sarah.
2. Ernest-Ange Duez (1843-1896). D'abord portraitiste, il se tourne vers les paysages dans les années 1880.
3. Edmond Picard (1861-1899), paysagiste et peintre de genre.
4. Philippe Parrot (1831-1894), portraitiste, auteur notamment d'un très joli portrait de Sarah.

Oh peintres de la Dame jolie,
De vos pinceaux arrêtez la folie !
Il faut descendr' des escabeaux
Vous nettoyer et vous faire très beaux !
Digue, dingue, donne,
L'heure sonne !
Ding dingue di..
C'est midi !

Le résultat étonne les visiteurs. Clairin, alors en pleine idylle avec Sarah, a représenté sur les panneaux du salon de réception la maîtresse des lieux nue parmi les naïades. Sa chambre – mortuaire, aurait-on envie d'ajouter – est d'un effet surprenant. La pièce est entièrement capitonnée de satin noir brodé de chauves-souris et de chimères. Un dais surmonte le cercueil (toujours lui), un grand lit d'ébène est recouvert d'un couvre-lit brodé d'un dragon chinois, et dans un angle, un grand miroir orné d'un vampire « déployant ses ailes velues » reflète un squelette prénommé Lazare[1].

Le reste de la maison, notamment le salon, dégage une ambiance moins lourde, beaucoup plus accueillante, en dépit de la surcharge décorative. Cet entassement d'objets hétéroclites et le mélange des parfums suaves des fleurs sont souvent évoqués à propos de l'intérieur de Sarah.

Rien évidemment ne subsiste de cet intérieur, si ce n'est la cheminée Renaissance, mais quelques tableaux permettent de s'en faire une idée. L'un, intitulé *Le Jardin d'hiver de Sarah Bernhardt*, est de Louise Abbéma, un autre, signé Rochegrosse, montre l'actrice nonchalamment étendue sur un divan recouvert de coussins. Sur les deux œuvres, Sarah est revêtue d'un kimono. Des masques nippons ajoutent une note orientale caractéristique du japonisme dès les années 1870. Les exposi-

1. Cette décoration et ce mobilier ressemblent à s'y méprendre à ceux conçus, dans les années 1880, pour la chambre de l'impératrice Élisabeth d'Autriche (Sissi) à la Villa Hermès, dans les environs de Schönbrunn.

L'atelier de la rue Fortuny, avec le squelette nommé « Lazare ».
Illustration de Georges Clairin pour *Dans les nuages*.

tions universelles, l'ouverture du canal de Suez à la navigation maritime qui rapproche l'Extrême-Orient de l'Europe, l'Empire du Soleil-Levant qui se tourne vers l'Occident font naître une esthétique japonisante qu'on retrouve dans les tableaux de Claude Monet ou dans les romans des frères Goncourt. À Paris Siegfried Bing, le propriétaire de « L'Art nouveau », un magasin d'ameublement et de décoration, fournit les amateurs en meubles et en bibelots. Robert de Montesquiou, l'ami de Sarah, collectionne les kakemonos et a décoré dans le style japonais l'une des pièces de son appartement de la rue Franklin.

Dans les maisons et les appartements, l'organisation de l'espace intérieur obéit également à une mode européenne, celle du courant « esthétique » qui préconise une juxtaposition de styles, chaque pièce, boudoir, billard, salon ayant son caractère propre. À Londres, le peintre Whistler, un ami d'Oscar Wilde, applique ces principes à l'aménagement de sa maison. En France, pour réaliser l'appartement idéal, on s'inspire des conseils que dispensent les manuels de décoration. Le jardin d'hiver, comme le boudoir ou le fumoir arabe, se définissent comme des lieux de repos, loin de l'agitation et du brouhaha des salons de réception.

Une aquarelle de Marie-Désiré Bourgoin[1], exécutée vers 1880, représente l'atelier de la rue Fortuny. Assez vaste et plutôt sage et aéré, comparé au reste de la maison, il est aménagé sur deux niveaux. On y voit Sarah, devant son chevalet, en train de peindre un modèle habillé en kimono japonais (sur une autre version du même tableau, elle est en train de sculpter).

En 1887, elle vend l'hôtel de la rue Fortuny et prend à bail, en attendant mieux, un hôtel meublé de la rue Saint-Georges, « une merveille de mauvais goût et de

1. Marie-Désiré Bourgoin (1839-1912). Peintre de genre et portraitiste, il vit un temps dans l'orbite de Sarah.

richesse israélite », précise Jean Lorrain. Une tournée américaine lui apporte les fonds nécessaires à la location et au réaménagement de fond en comble d'une petite maison en brique rouge, à deux étages avec jardin, située au 56, boulevard Pereire, à proximité de la place Wagram, en bordure du chemin de fer de la petite ceinture. Elle y habitera pendant trente-six ans, jusqu'à sa mort en 1923. Sarah aura comme voisins Miguel Zamacoïs, l'auteur des *Bouffons*, l'avocat Henri-Robert, les Michelin, la danseuse Cléo de Mérode. Elle y retrouve également Charles Haas.

Ses visiteurs ont souvent laissé des descriptions détaillées de cette maison, que complètent fort bien les photographies publiées dans la presse. Un petit livret édité en anglais, *The Home of Sarah Bernhardt in Paris*, en reproduit des vues intérieures. On y retrouve toutes les caractéristiques du style « esthétique », la salle à manger, le cabinet de travail, « le boudoir moderne intime et coquet, le petit salon japonais, l'atelier pittoresque, original d'une artiste hors cadre ». Cet atelier échappe à toute classification. Le plafond tendu de tissu donne l'illusion d'une tente. Il est encombré de meubles, de tentures, de tapis, de souvenirs.

Tout cela crée, on l'imagine, une « accumulation barbare » qui heurte les partisans des intérieurs dépouillés. « Sur les rougeoyants fonds d'andrinople des murs sont appendus des armes indiennes, des chapeaux mexicains, des ombrelles de plumes du Chili, mentionne Maurice Guilleminot en 1888 dans *La Revue illustrée*. Une selle de bois supporte l'œuvre en train, une terre à peine ébauchée avec, à côté, les outils du statuaire ; enfin deci de-là parmi les chimères japonaises, devant les foukousas brochés de monstres en or, sous les tentures de soie brodées d'arabesques, des fleurs, des fleurs, toujours des fleurs[1]. »

1. L'hôtel fut démoli dans les années 1960 et remplacé par un immeuble moderne.

Dans un article publié dans *Les Annales politiques et littéraires*, Séverine[1] raconte sa première visite boulevard Pereire. « J'errais, écrit-elle, à travers le hall que son caprice a transformé moitié en serre moitié en atelier avec je ne sais quoi d'exotique qu'y jette l'immense divan où s'entassent les fourrures des deux pôles, surmonté d'un dais de palmes et d'éventails d'Orient. Dans un coin une volière géante rejoignant les vitres du plafond résonnait de coups d'ailes, de pépiements et de chansons. J'avais regardé les hauts vases du Japon où expiraient doucement des charretées de lilas blanc [...], les portières japonaises, ces étranges portières de perles qui semblent tissées de pluie... » Sur le bureau du petit salon, Sarah a placé, sur une pile de lettres et de papiers, le crâne[2] que lui a donné Victor Hugo, orné de ces vers sibyllins :

Squelette, qu'as-tu fait de l'âme ?
Lampe, qu'as-tu fait de la flamme ?
Cage déserte, qu'as-tu fait
De ton bel oiseau qui chantait ?
Volcan, qu'as-tu fait de la lave ?
Qu'as-tu fait de ton maître, esclave ?

Depuis la porte du salon, on aperçoit des palmiers avec une lampe électrique sous chaque feuille, l'esquisse d'une fillette en argile restée inachevée sous sa cloche de verre, des tableaux, des gravures, des dessins à foison. Les portraits de Sarah, signés de Clairin, La Gandara, Spindler, Robertson, Perronet, Abbéma, recouvrent les murs, dans une débauche narcissique et ahurissante de soi-même. Dans la salle à manger, « Geogeotte », le cher Clairin, a peint *L'Apothéose de la cuisine*, où s'activent de petits marmitons qui proposent aux convives des bouteilles, une brioche, du gibier et des poissons. Des fleurs,

1. Caroline Rémy, dite Séverine (1855-1929). Femme de lettres, elle fut secrétaire de Jules Vallès et militante de la cause féministe.
2. Ce crâne est exposé parmi les reliques théâtrales au musée du Théâtre de Londres.

des animaux vivants ou empaillés, des malles en attente d'un prochain départ encombrent le hall d'entrée. De l'ensemble se dégage comme une impression étrange de rêve fantastique, comme une invitation au voyage dans les contrées les plus mystérieuses et troubles de l'âme humaine.

Au milieu de cette bizarre orgie d'orientalisme et de modernité, Sarah reçoit ses hôtes étendue théâtralement sur des fourrures, peau d'ours ou d'élan (animal qu'elle aurait tué aux environs de Moscou dans une chasse du tsar), étrange princesse lointaine tenant avec des laisses d'argent couchés près d'elle Bélisaire et Marc-Antoine, ses lions préférés, dans un jacassement de perroquets multicolores, de cris de singes grimpés aux palmiers. Elle a la passion des bêtes. Enfant, déjà, elle emprisonnait dans des cages des couleuvres, des cricris, des lézards. Rue Aubert, sa tortue nommée Chrysargère avait le dos recouvert d'une carapace d'or semée de petites topazes bleues, roses et jaunes. Elle s'amusait des heures à la regarder s'éclairer de mille feux sous les rayons de la lune et du soleil. Elle ramène d'Angleterre, en 1880, un guépard, un chien-loup, six petits caméléons. Ne parlons pas de ses chiens, du perroquet Bizibouzou et du singe Darwin. Un chat sauvage et deux lionceaux nommés Justinien et Scarpia en hommage à *Théodora*, qu'elle emmène avec elle au théâtre, complètent cette stupéfiante ménagerie située en plein cœur du Paris chic et bourgeois.

« Je rapporte toujours un animal quelconque de mes voyages », précise-t-elle. La cohabitation avec les fauves n'est pas toujours de tout repos et Sarah s'amuse de la terreur qu'ils inspirent. Un lynx, acheté à prix d'or aux États-Unis, doit être abattu après avoir mordu sa femme de chambre. Il faut supprimer un jeune tigre, acheté à Mexico, parce qu'il pourchassait toutes griffes dehors quiconque pénétrait sur son territoire. Un crocodile meurt de tout le champagne qu'elle lui fait boire. Sarah, dont l'insouciance vis-à-vis des bêtes frise parfois la cruauté, se comporte avec elles comme s'il s'agissait de simples jouets, des peluches qu'on abandonne quand elles n'intéressent plus. Combien de chiens aura-t-elle ainsi jetés à la rue sans même verser une larme ?

Comme il est de bon ton de posséder une propriété en dehors de Paris, elle se cherche une maison à la campagne[1]. Elle garde de son enfance un attachement particulier pour la Bretagne et séjourne régulièrement avec Maurice à la pointe du Raz[2]. Cependant, dans un premier temps, c'est à Sainte-Adresse, près du Havre, qu'elle part en villégiature. Elle vient y soigner ses chagrins d'amour. Sur la porte de sa villa, elle a gravé :

C'est ici de Sarah la joyeuse demeure
On y chante ou y rit et parfois on y pleure.

Quand, en 1893, au cours d'une promenade, elle découvre Belle-Île, c'est immédiatement le coup de foudre. Elle est aussitôt conquise par ces rochers sauvages, surtout par le fortin en ruine, aux murs crénelés, qui se dresse à l'extrémité de l'île. On croirait un décor d'opéra. Et par chance, il est à vendre pour trois mille francs. Sarah l'achète sur-le-champ. Du fort de la pointe des Poulains, elle fait une délicieuse maison d'habitation. « Vous savez, annonce-t-elle à ses amis, je vais l'arranger à ma manière et nous y viendrons tous les ans. »

Le hall sert à la fois de salon, d'atelier et de salle à manger, le tout aussi encombré que l'appartement de Paris. Elle fait construire, pour héberger ses invités, des bungalows qu'elle désigne sous le nom des « cinq parties du monde ». À Clairin, par exemple, elle réserve l'Afrique à cause de son amour pour l'Égypte. Ce n'est pas le grand confort, mais on s'y amuse bien et surtout on s'y

1. Réjane va chaque été à Hennequeville en Normandie, Pierre Loti à Hendaye, et Edmond Rostand se fait construire une gigantesque villa, baptisée *Arnaga*, dans le style des fermes basques à Cambo-les-Bains.
2. Les hôteliers eurent vite fait de marquer d'une encoche le rocher où elle s'asseyait et de l'appeler le « fauteuil de Sarah Bernhardt ».

repose beaucoup. Il n'y a pas l'eau courante et l'on se lave dans la mer[1]. Pique-niques, baignades, parties de pêche et de chasse, parties de tennis[2] se succèdent. Après le déjeuner, on se réunit dans le « Saratorium », une petite cour ombragée d'un figuier que Sarah a baptisé Joseph. Ayant décrété que les marsouins, très nombreux le long de la côte, coupaient les mailles des filets des pêcheurs et dévoraient les poissons, elle les canarde impitoyablement avec son revolver. « Quelquefois le matin dès quatre heures, je suis debout et je pars le fusil sur l'épaule avec mon chien », raconte-t-elle. Quand le vent le permet, Maurice met le bateau à l'eau pour rejoindre à la voile l'île de Groix.

Aux yeux des insulaires, elle fait figure d'excentrique. D'abord méfiants, ceux-ci l'adoptent, s'habituant finalement à ses fantaisies. Elle cherche à se faire aimer, elle rend des services, s'occupe des enfants et des nécessiteux. Elle a même dans l'idée de leur offrir un nouveau bateau de pêche, qu'on baptiserait le *Sarah Bernhardt*, mais sa proposition, à son grand étonnement, rencontre un silence gêné. Elle ignore que pour les marins, les cadeaux d'une « comédienne » portent malheur.

Elle agrandit son domaine en rachetant un manoir-hôtel qu'un agent immobilier a malencontreusement édifié devant ses fenêtres. Les années passent, les touristes commencent à affluer dans l'île. Sarah devient une attraction, sa tranquillité est menacée[3]. Elle ne reconnaît plus sa Belle-Île sobre et sauvage. Il est temps pour elle d'en partir. En 1922, elle ferme définitivement la porte derrière elle et met en vente la propriété.

---

1. Sarah réserve pour ses besoins propres et ceux de la cuisine l'eau minérale, des bonbonnes d'eau d'Évian qui sont acheminées avec bien du mal jusqu'au fort.
2. Sarah jouait fort mal et avait horreur de perdre. Elle trichait – « c'est plus fort que moi », avouait-elle – et Clairin la laissait gagner.
3. Les touristes rôdent autour de sa propriété dans l'espoir de l'apercevoir. Un jeu, parmi les invités, consistait à « faire Sarah » et à l'imiter en faisant de grands gestes de salut à travers les fenêtres.

De Paris à Belle-Île, les multiples résidences de Sarah sont d'abord ses lieux d'élection. Elle les a façonnés de telle sorte que, par un double jeu de miroir, elles lui réfléchissent sa propre image et projettent vers les autres les images intérieures qui l'habitent. L'accumulation de ces milliers d'objets n'est pas seulement le reflet d'une tendance générale commune aux artistes de son temps, c'est aussi la somme de ses années de triomphe et de folies, la sédimentation des souvenirs qu'elle a rapportés de ses tournées dans des pays lointains.

CHAPITRE VIII

« Quand même »

En 1900, Sarah a encore vingt-trois ans à vivre. Le temps d'une œuvre, en somme. Parmi ses contemporains, la jeune peintre Marie Bashkirtseff est morte à vingt-quatre ans, Jules Bastien-Lepage à trente-six ans. Quelques années plus tard, Raymond Radiguet, emporté à vingt ans, laisse deux romans, *Le Bal du comte d'Orgel* et *Le Diable au corps*.

Sarah, elle, vit près de quatre fois vingt ans, et durant tout ce temps elle travaille intensément, crée, impose son personnage et construit sa légende.

Les deux premières décennies du siècle vont solliciter tout son courage, car la vieillesse pour elle ne saurait être naufrage. Elle mobilise ses forces pour poursuivre sa carrière, rechercher de nouveaux auteurs et explorer de nouvelles voies. À trente-six ans, en 1880, elle confiait au rédacteur du *Gaulois* : « Dans vingt ans est-ce que je serai de ce monde ? J'ai toujours devant moi, voyez-vous, le spectre de la jeune femme qui vieillit devant la rampe et je ne veux pas vieillir là. » Pourtant, elle n'échappera pas à l'inéluctable fatalité, même si elle préférait, et c'est bien humain, ne pas se voir vieillir.

Face à ces défis, il est temps pour elle de mettre en application sa fameuse devise, « Quand même ». Depuis quarante ans, elle l'inscrit sur tous ses objets, comme une marque de propriété : sur son papier à lettres, son mobilier, sa vaisselle, ses tentures, son linge, jusqu'au pavillon qui flotte sur le toit de sa propriété de Belle-Île[1].

Cette devise, Sarah l'a choisie fort jeune, à neuf ans exactement – du moins c'est ce qu'elle prétend dans ses Mémoires. « Après un saut formidable au-dessus d'un fossé que personne ne pouvait sauter et auquel mon jeune cousin m'avait défiée, écrit-elle. Je ferai toute ma vie ce que je veux faire. » En 1862, lorsque la Comédie-Française lui ouvre ses portes, le duc de Morny demande à la jeune fille ce qui lui ferait plaisir. « Une boîte de papier à lettres, répond-elle. Peu importe la couleur pourvu que ma devise y soit gravée. » Et Sarah tend au duc un papier plié en quatre sur lequel elle a écrit « Quand même ».

Posséder une devise est alors une mode chez les artistes et les personnalités en vue, qui ne dédaignent pas d'en faire état. Se distinguer par son élégance et son esprit est le but recherché dans cette société oisive et riche. Un quatrain empreint de préciosité de Robert de Montesquiou se fait l'écho de cette recherche permanente du raffinement.

Je voudrais faire un vers qui n'a tenté personne
Un vers mystérieux et bizarre et qui ne sonne
Un timbre déroutant, au trébuchet des purs
Esprits initiés des critériums sûrs.

Montesquiou, expert en aphorismes, aimait à dire : « Il vaut mieux être détesté qu'inconnu. » Afficher sa devise, c'est revendiquer sa différence, son originalité, c'est exciter la curiosité par des formules mystérieuses, cryptées, dont le sens caché, compris des seuls initiés, demande toujours à être déchiffré. Un almanach de

1. La devise est toujours là. Les deux mots courent sur une banderole qui surmonte le chiffre SB en lettres gothiques. L'ensemble est souvent coiffé du masque de la tragédie traversé d'une épée et d'une marotte. La Maison des artistes à Pont-aux-Dames, près de Meaux, conserve un mouchoir, des assiettes en faïence, un petit porte-monnaie en ivoire et des cartes portant la devise et le chiffre de Sarah Bernhardt.

1902, *Paris-Parisien*, en répertorie quelques-unes. De Réjane : « Je ne crains que ceux que j'aime » ; d'Émilienne d'Alençon : « Qu'est-ce que je risque » ; de la belle Otéro : « Tout ou rien » ; de Polaire[1] : « Rendre le bien pour le mal[2] ». Ces dames ne conforment pas toujours leur conduite aux maximes dont elles se parent comme d'une étole. Louise Abbéma, qui signe ses lettres d'un impératif « Je veux », affiche, comme Sarah, son désir de surmonter les obstacles et d'agir à sa convenance, deux traits de caractère qui rapprochent les deux amies.

Entre 1900 et 1923, Sarah a mille fois l'occasion de mettre sa devise en application. En effet, si les attaques sur ses origines juives ou sur ses excentricités se sont calmées, elle doit supporter d'autres maux plus insidieux, plus pervers, comme la maladie ou la vieillesse. Elle les affronte avec toute la vaillance qui la caractérise. Mais, durant ces vingt années, les choses sont différentes pour elle selon qu'on se place avant ou après 1915. Cette date, en effet, plus encore que celle de l'année précédente qui a vu la déclaration de guerre, est décisive pour elle, car elle correspond à son amputation. Elle a soixante et onze ans, sa vie est désormais bouleversée. Plus rien ne sera jamais comme avant.

Jusque-là, elle demeurait la Divine, l'Errante, la Grande Sarah. Sa carrière se poursuivait brillamment. Le triomphe de *L'Aiglon* a été phénoménal, aussi bien à Paris qu'à New York. En 1911, dans une lettre à Maurice, elle raconte comment, un soir, après la représentation de *La Samaritaine*, « les prêtres sont venus dans ma loge me baiser la main ; un d'eux s'est même agenouillé me disant : "La divine Sarah ne pouvait faire que quelque chose de divin et je l'en remercie au nom des

1. Émilie Marie Bouchaud, dite Polaire (1877-1930). Chanteuse de café-concert, elle crée le rôle de Claudine dans une pièce adaptée du roman de Colette.
2. Ce genre de potins alimentaient les échos parisiens diffusés dans les brochures et les albums consacrés aux célébrités.

catholiques"». Elle s'amuse beaucoup d'entendre louer sa jeunesse, sa beauté, car elle n'oublie pas qu'elle est la bisaïeule d'une petite fille dénommée Terkette qui vit à Londres. « C'est ravissant », conclut-elle.

En juin 1903, les acteurs anglais ont organisé une réception en son honneur à l'hôtel Cecil de Londres. Parmi les invités, on remarque Henry Irving et Ellen Terry. Sarah, qui a préparé avec peine un texte en anglais, est trop émue pour le lire. Elle finit par dire en français : « Avec ces deux mains tremblantes, je vous tends la fleur de la reconnaissance. » On lui offre une couronne sur laquelle sont gravés les noms de ses différents rôles. Ellen Terry y a glissé un billet. « Croyez, a-t-elle écrit, que c'est un plaisir de donner ce petit tribut à une si grande artiste que vous et à celle qui a relevé notre profession à la hauteur de l'étendard qu'elle tient aujourd'hui. »

Cet hommage rendu par l'Angleterre au talent et à la carrière de la Grande Sarah réédite en quelque sorte la mémorable « journée Sarah Bernhardt » qui eut lieu à Paris le 9 décembre 1896. À la table d'honneur, Sarah était entourée ce jour-là de tous ses amis, de ses parents et de ses auteurs fétiches : Coppée, Sardou, Rostand, Haraucourt[1], Henri de Bornier... Au théâtre de la Renaissance, où l'attendait le Tout-Paris de la littérature, des arts et des salons, elle joua le troisième acte de *Phèdre*. François Coppée et Victorien Sardou montèrent sur scène pour lire leurs compliments. Mais c'est Edmond Rostand qui remporta la palme du talent et de l'émotion. Son sonnet, qui débutait par « En ce temps sans beauté, seule encor tu nous restes », s'achevait sur ces mots :

Mais aussi tu sais bien, Sarah, que quelquefois
Tu sens furtivement se poser, quand tu joues,
Les lèvres de Shakespeare aux bagues de tes doigts.

1. Edmond Haraucourt est l'auteur de *La Passion*, dont Sarah fit une lecture publique au cirque d'Hiver.

De sa place, Jules Renard[1] ne la quittait pas des yeux. « De son regard, elle soulève le monde, nota-t-il dans son *Journal*. C'est une image qui fait des gestes et qui a des yeux vivants. À la Renaissance, elle a voulu être trop bien. Elle joue *Phèdre* comme une scène d'*Amants*[2], mais elle joue admirablement l'ignoble chose de Parodi[3]. Sarah est un extraordinaire accroche-cœur si l'on peut dire. Elle n'a peut-être pas de talent, mais après sa journée qui est la nôtre à tous, où nous nous aimons, où nous nous adorons, on se sent renouvelé et grandi… »

Cet hommage grandiose consacrait son apothéose. Les organisateurs n'imaginaient sans doute pas que Sarah allait pendant près de trente ans encore recueillir de nouveaux témoignages d'admiration.

Les biographes de Sarah Bernhardt ne prennent pas toujours assez en compte cette fidélité du public étranger et ces succès durables qu'elle vivifie de son enthousiasme et de son talent. Ils affirment un peu trop rapidement qu'après *L'Aiglon* elle n'a plus rien à prouver, comme si elle ne suscitait plus que de la curiosité. Cornelia Otis Skinner, dans une biographie qui fait autorité, *Madame Sarah Bernhardt*, le laisse du moins entendre. Selon elle, la plupart des pièces de cette période seraient fort mauvaises. Le jugement est excessif. En effet, si l'on se réfère dans la presse aux échos des réactions du public et des commentaires de la critique, on constate au contraire un florilège de louanges. Tout au plus peut-on relever chez Jules Renard quelques phrases assassines. Ce dernier a toujours gardé une certaine distance vis-à-vis de Sarah. « Sarah, écrit-il, ce n'est plus une actrice. C'est quelque chose comme la chanson des arbres, comme le bruit monotone d'un instrument. C'est parfait et on y est habitué. »

1. Jules Renard (1864-1910). Écrivain français, il fait un tableau du Paris de la littérature et du théâtre dans son *Journal* (1887-1910).
2. Pièce de Maurice Donnay qui fut jouée au théâtre de la Renaissance en 1895 avec Jeanne Granier et Lucien Guitry.
3. Dominique-Alexandre Parodi (1842-1901), dramaturge, est l'auteur de *La Rome vaincue*. À la Comédie-Française, en 1876, Sarah avait insisté pour jouer grimée le rôle de la vieille Posthunia.

Après *L'Aiglon*, le théâtre Sarah-Bernhardt, il est vrai, ne présente plus ces spectacles remarquables auxquels le public des premières faisait des ovations au milieu des mouchoirs froissés et des sanglots. Il y a des matinées classiques où Sarah, avec Coquelin et De Max, interprète Molière, Musset ou Corneille. Il y a aussi des créations, fort nombreuses, qui ne passent pas toutes inaperçues. Le professionnalisme de Sarah, la qualité de son interprétation, sont toujours reconnus. Elle reste toutefois tournée vers le passé. Le renouveau de la mise en scène, avec l'arrivée des ballets russes, la remise en cause du jeu des acteurs, le succès du Théâtre-Libre d'Antoine ne la détournent pas des drames romantiques et historiques qu'incarne Hugo. Si en 1905, dans *Angélo, tyran de Padoue* où elle tient le rôle de la courtisane la Tisbée, elle n'obtient qu'un succès d'estime, en revanche elle retrouve le succès en 1911 avec *Lucrèce Borgia*. Le dramaturge Gustave Simon a procédé à quelques coupures dans le texte d'Hugo, et Reynaldo Hahn a composé la musique. Ainsi allégée, la pièce paraît plus vivante, plus moderne. La mise en scène rappelle les jours fastueux de *Théodora* et de *Gismonda*. Sarah s'est entourée d'une solide distribution, où l'on relève les noms d'Angélo fils, qui par sa puissance de jeu n'a rien à envier à son père, et de Lou Tellegen, probablement le dernier amant de la « patronne ». À près de soixante-dix ans, Sarah n'a rien perdu de son esprit de conquête ni de son attirance pour les hommes. Tellegen est particulièrement sculptural ; il a d'ailleurs posé pour Rodin. C'est aussi un séducteur invétéré, un mauvais garçon et un médiocre acteur. Elle a fait sa connaissance par De Max, et immédiatement elle est tombée sous son charme. Trente ans après sa rencontre avec Damala, le même scénario recommence, mais cette fois la différence d'âge entre les deux amants (il a vingt-sept ans) choque sa famille et le public. Sarah s'en moque. Elle se montre partout au bras de son nouveau compagnon. Elle n'écarte pas non plus la possibilité de se fiancer. Inconscience ? provocation ? Comment savoir[1]...

Lou Tellegen, surpris et choyé, ne fait pas la fine bouche, bien que ses sentiments se limitent à une certaine admiration. Pendant trois ans, ce beau sigisbée reste le partenaire exclusif de Sarah. Il la quitte finalement lors d'un voyage en Amérique. Sa fin sera plus triste encore que celle de Damala. Il se tranchera les veines à cinquante ans.

En 1912 Sarah reprend *Lorenzaccio*. Lou Tellegen, en Alexandre de Médicis, ne s'y fait pas remarquer pour son jeu, mais pour son physique. Il est taillé comme un dieu, ses proportions sont « si belles et si peu communes qu'il a l'air non pas d'être réel mais bien plutôt d'avoir été peint par quelque miniaturiste florentin », signale un critique. Dans *La Reine Élisabeth* d'Émile Moreau, face à Essex-Tellegen, Sarah apparaît somptueusement vêtue. Le journaliste de *Comœdia illustré* « expédie » ainsi son texte : « De pittoresques et vivants décors, une mise en scène intelligente, des costumes fastueux, de la musique, du chant, des lévriers, Shakespeare, le souvenir de Victorien Sardou et de Victor Hugo, le génie enfin de madame Sarah Bernhardt qui renouvelle à chaque spectacle son élan, son charme et sa virtuosité, voilà plus qu'il n'en faut pour mener une pièce au triomphe ou l'écraser. »

Avec *Francesca de Rimini*, une tragédie de l'Américain Marion Crawford[2], adaptée par Marcel Schwob[3], Sarah revient à l'époque de la Renaissance, qu'elle apprécie beaucoup. La pièce est un échec cuisant. « C'est presque du Shakespeare, commente, acerbe, Jules Renard, et c'est encore plus embêtant. C'est de la littérature de ce

1. La personnalité de Sarah Bernhardt évoque spontanément celle d'Édith Piaf. Ces deux femmes ont en commun une voix unique, exceptionnelle, elles sont perfectionnistes dans la pratique de leur art où elles veulent être les meilleures et elles prennent comme amants des hommes beaux, jeunes et athlétiques.

2. Francis Marion Crawford (1854-1909), écrivain américain né en Italie, où se déroulent la plupart de ses romans.

3. Marcel Schwob (1867-1905), écrivain et traducteur.

pion savant qu'est Schwob, faussement lyrique, faussement simple, vieux primitif. À soixante-dix ans, Sarah ne peut plus faire que la petite fille. Elle a l'air intelligent quand elle écoute des choses qu'elle ne comprend pas. »

Durant les années qui précèdent la guerre, Sarah multiplie les créations, mais la plupart ont été reléguées dans l'oubli. On peut tout de même citer, comme une curiosité, *La Vierge d'Avila* de Catulle Mendès[1], qui ne tient pas l'affiche bien longtemps. Après avoir été une courtisane, Sarah passe sans vraiment convaincre les habits de sainte Thérèse. En revanche, la critique encense *La Sorcière*, un drame de Victorien Sardou qui se passe en Espagne, au temps de l'Inquisition. Dans le rôle-titre, Sarah n'a jamais été plus belle, plus amoureuse, plus tragique, plus simple. On rend hommage également à cette « œuvre d'humanité, qui professe les plus nobles idées de tolérance ». Sarah reste attirée par les nobles héroïnes comme Jeanne d'Arc, qu'elle retrouve dans une nouvelle pièce, *Le Procès de Jeanne d'Arc*, sur laquelle il est inutile de s'attarder.

En 1913, dans *Jeanne Doré*, une histoire de Tristan Bernard[2], elle interprète le rôle d'une libraire dont le fils a commis un crime par amour et doit être guillotiné. « C'est une création qui comptera dans sa glorieuse carrière », lit-on sous la plume de Raoul Aubry. « Sarah, s'exclame, enthousiaste, Ernest Lajeunesse[3], est criante de douleur, sublime de simplicité antique, de maternité éternelle. » Le pathétique de la situation apparaît sous un jour beaucoup plus comique dans les Souvenirs de Mary Marquet : « Elle [Sarah], jouait une femme du peuple, une femme modeste et pauvre. Au magasin de costumes, elle avait choisi une robe noire garnie de jais qui avait dû

1. Catulle Mendès (1841-1909). Écrivain et auteur de théâtre, il est le gendre de Théophile Gautier. Sarah a accepté de monter sa pièce par amitié. Clairin a représenté, dans l'une de ses illustrations, une scène de la pièce.
2. Paul Bernard dit Tristan (1866-1947), écrivain et auteur de théâtre à l'esprit caustique.
3. Ernest Lajeunesse (1874-1917), écrivain, critique et dandy.

lui servir dans une pièce de Hugo, *Lucrèce Borgia*, peut-être. Elle avait un col de tulle baleiné et une sous-ventrière également en jais. Pour faire vrai, sans doute, elle arborait un filet à provisions encore plus insolite que son costume. Dans la charcuterie où elle entra, il y avait au comptoir un acteur titulaire du rôle de Pyrrhus en tragédie. À ce titre, il avait "composé" un charcutier plus vrai que nature. Il demanda à Jeanne Doré avec un accent faubourien qui pesait le poids de dix jambons : "Qu'est-ce qu'il vous faut M'me Jeanne aujourd'hui ?" De sa voix d'or, Sarah répondit face à son interlocuteur, donc de profil pour le public, de son ton enjôleur : "Monsieur le charcutier, je voudrais des œufs frais, des œufs frais pour mon déjeuner." Ce charme inattendu chez une femme du peuple eut raison de toutes les réticences et lui valut une ovation disons… usurpée. »

Malgré son âge, Sarah a conservé une silhouette d'une étonnante jeunesse. Elle peut, sans trop encourir le ridicule, continuer à se produire dans des rôles de travestis. En 1905, elle monte à Londres *Pelléas et Mélisande* de Maurice Maeterlinck, avec Beatrice Campbell[1], mais le résultat ne soulève pas l'enthousiasme des foules. Elle récidive en 1907 avec *Les Bouffons*, une pièce de Miguel Zamacoïs[2].

Le public l'ignore, mais depuis plus de vingt-cinq ans Sarah vit un véritable enfer. Des douleurs infernales au genou la mettent au supplice. Elle n'en montre rien, se produit avec toujours le même allant, la même vitalité. Cependant, en cette année 1915, elle est arrivée au bout de ses forces. Les causes de l'accident sont mal connues. Selon la version de Lysiane Bernhardt, Sarah se serait blessée en tombant dans le salon du bateau qui la ramenait en France en 1889. Mais s'il faut en croire Thérèse Berton, elle aurait fait une chute sur scène en jouant *Jeanne d'Arc* au théâtre de la Porte-Saint-Martin en 1890.

---

1. Beatrice Stella Tanner, Mrs Patrick Campbell (1865-1940). Actrice shakespearienne à l'interprétation fine et délicate.
2. Miguel Zamacoïs (1866-1955). Écrivain et auteur de théâtre, il appartenait au cercle mondain parisien autour de 1900.

Une chose est sûre : elle s'est blessée au genou droit et a refusé d'interrompre ses représentations. Un professeur consulté à Berlin en 1902 diagnostique une atteinte de l'articulation fémoro-tibiale, probablement d'origine tuberculeuse. Il prescrit, comme d'autres confrères avant lui, une immobilité complète de six mois et il envisage même une intervention chirurgicale. Sarah ne veut rien entendre, elle promet seulement d'être un peu plus raisonnable, de ralentir son rythme. Mais elle ne sait pas s'arrêter, elle ne prend aucun repos, poursuit ses tournées. Elle n'a jamais été aussi active. Elle se rend à tous les dîners, à tous les vernissages, comme si elle cherchait à conjurer le sort, à se convaincre que son mal n'est rien, qu'elle ne peut se laisser terrasser par la douleur. Elle accepte de se produire en Allemagne. Sa tournée s'inscrit dans le cadre des échanges culturels qui s'amorcent alors entre les deux puissances ennemies. En 1904, elle est admise à la Société des gens de lettres. À San Francisco, une phlébite l'oblige à s'aliter un temps. Sitôt rétablie, elle repart sur les sentiers des représentations et de la vie mondaine. En 1906, elle est élue professeur au Conservatoire à l'unanimité moins deux voix. Du reste, elle n'y enseignera jamais, mais c'est une reconnaissance supplémentaire de son talent. Ses intentions pédagogiques surprennent, car elle annonce : « Tout d'abord, je combattrai ce qu'on est convenu d'appeler la tradition, je m'appliquerai à utiliser la nature de mes élèves et je crois que je ferai ainsi d'admirables artistes. » Elle donne des conférences et des cours d'art dramatique. En 1907, elle publie son autobiographie. En 1914, elle est nommée chevalier de la Légion d'honneur. C'est une victoire gagnée de haute lutte, car rares sont les distinctions de cet ordre décernées à une femme et qui plus est à une actrice[1]. Dès lors, Sarah devient une véritable institution nationale.

La vie serait belle sans les abominables douleurs au genou. De ce côté-là, les choses empirent. Elle se déplace

1. Cette décoration aurait dû lui être remise plusieurs années auparavant au titre de directrice de théâtre, mais c'est en qualité d'actrice qu'elle entend être distinguée.

péniblement et modifie les mises en scène pour s'épargner tout mouvement inutile. Le docteur Parrot (est-ce le fils de celui auprès de qui Sarah a pris des cours d'anatomie ?) la suit partout. Il lui masse le genou et lui fait des infiltrations avant chaque spectacle. Bientôt, elle n'est plus en mesure de jouer une pièce entière. La direction du Coliseum de Londres accepte qu'elle n'apparaisse que dans un acte ou une scène de ses plus fameux rôles. Aux États-Unis, elle écourte ses représentations. Les médecins ne donnent toujours pas de nom précis au gonflement, maintenant presque permanent, du genou. Ils posent d'inutiles plâtres. Ces palliatifs la soulagent un peu et lui redonnent espoir. Mais pour avoir vu autour d'elle les ravages de la morphine, elle refuse d'y recourir. Son ressort essentiel reste sa volonté. « Quand même. » Seulement, maintenant, il lui faut calculer tous ses trajets sur scène et se tenir aux meubles. Ses proches sont les témoins admiratifs et impuissants de son courage. Quand elle part se reposer à Belle-Île, elle vit au ralenti. Plus question pour elle de jouer au tennis. Pour s'occuper, elle reprend la sculpture, et commence à modeler quatre pleureuses qui viendront orner, comme sur les tombeaux du XVe siècle, le caveau qu'elle prévoit de faire ériger sur un rocher.

En 1914, au moment de la déclaration de guerre, sur les conseils du ministère des Affaires étrangères, elle quitte la capitale (craint-on pour sa sécurité du fait de ses prises de position antiallemandes ?). Elle se replie à Andernos-les-Bains, sur le bassin d'Arcachon, chez Henri Cain, un ami. L'état de sa jambe s'aggrave. Au début de l'année 1915, le professeur Denucé, un éminent chirurgien de l'hôpital de Bordeaux, parle sérieusement d'amputation car il craint que l'infection, qui a déjà atteint l'épine dorsale, ne se généralise. À soixante et onze ans, Sarah n'en peut plus de souffrir. Elle envisage désormais l'opération comme une délivrance[1]. Rendez-

1. En 1898, Sarah Bernhardt avait déjà subi une importante intervention chirurgicale effectuée par son ami, le professeur Pozzi, l'ablation d'un « kyste abdominal. »

vous est pris pour le 12 mars. Et pour bien montrer que cette intervention chirurgicale ne l'effraie pas, sur la table d'opération, elle chantonne *La Marseillaise*.

Neuf jours plus tard, une crise d'urémie manque l'emporter, mais elle en réchappe. Quand les médecins parlent de l'appareiller, elle refuse énergiquement de porter une jambe articulée. La fameuse jambe de bois de Sarah Bernhardt n'a donc jamais existé, même si Maurice Rostand (le fils d'Edmond), dans *Confession d'un demi-siècle*, se plaît à dire qu'elle eut une jambe de bois qu'elle envoya au diable. La vérité est autre. « Elle commanda, nous assure Lysiane, une chaise à brancards, blanche et cannée, très étroite, pouvant se glisser facilement dans une auto ou dans un ascenseur. Et durant les dernières années de son existence, c'est-à-dire de 1915 à 1923, on vit Sarah Bernhardt dans les coulisses comme à la ville déambuler dans sa chaise à porteurs. »

Sarah devient entièrement dépendante de son secrétaire Pitou et de son serviteur Émile. La première fois que Suze Rueff la revoit, désormais infirme, elle ne peut retenir ses larmes. « Ne sois pas triste, Suze, la console Sarah, j'ai marché pendant soixante-dix ans, ça suffit. Dorénavant, je me ferai porter comme une impératrice byzantine. » Son stoïcisme est admirable, car outre le traumatisme physique et psychologique qu'elle a subi, elle doit faire face à une situation financière désastreuse. Après tous les millions qu'elle a gagnés, elle n'a même pas de quoi payer la clinique et les médecins. Les Rothschild viennent à son secours. « Toute ma vie, dit Sarah sans amertume, j'ai gagné de l'argent pour que les autres le dépensent. » Sans doute pense-t-elle à Maurice, à Damala, à Tellegen.

Sa situation est si catastrophique qu'elle prépare de nouvelles tournées. Bien sûr, il n'est plus question pour elle de reprendre son ancien répertoire. Les auteurs vont lui créer des rôles adaptés à son handicap, de sorte qu'elle puisse les interpréter assise. Eugène Morand lui dédie *Les Cathédrales*, un poème allégorique très cocardier, qui met en scène les cathédrales de France appelant leurs fils à défendre le sol sacré de la patrie. Mary Marquet joue Notre-Dame de Paris, Sarah la cathédrale de Strasbourg. La pièce donnée à Paris en novembre 1915, puis en Angleterre, devant des salles combles, provoque, chaque soir, des manifestations patriotiques.

Sarah et Béatrix Dussane[1] proposent leurs services à l'organisation du théâtre aux armées. Sarah sait qu'elle peut de nouveau être utile aux soldats français, comme elle l'a été en 1870. Malgré les difficultés pratiques, elle gagne par le train le front de l'est. Les troupes applaudissent « la glorieuse blessée ». À Toul, puis sous un marché couvert de Commercy transformé en théâtre, elle déclame des passages des *Cathédrales* devant « les trois mille gars de France qui sont debout et l'acclament en frémissant ». Le miracle opère une fois de plus. Vieille, mutilée et immobile, par la seule magie de son verbe, elle peut, comme le sonneur de clairon de Déroulède, faire sonner l'héroïsme dans le cœur des soldats.

Elle se prête volontiers aux campagnes de propagande. Drian[2] la représente en Colombe de la paix, vêtue d'un costume de plumes avec d'énormes ailes, levant les bras et tenant dans chaque main une statuette de l'Aiglon et de Phèdre. Le tableau sera accroché dans le foyer du théâtre de l'Empire, à Londres, dans le but de promouvoir l'effort de guerre. Elle retraverse l'Atlantique pour aller collecter des fonds aux États-Unis. Avec *Les Cathédales* et *La Marseillaise*, elle galvanise le public américain. Le gouvernement français ne peut espérer meilleure ambassadrice pour convaincre l'Oncle Sam de se porter au secours des Alliés. Au cours de sa tournée, à la suite d'une crise d'urémie, elle doit être opérée d'urgence d'un rein.

Ses accidents de santé ne sauraient la détourner des planches. Elle joue encore et toujours. En 1920, dans une nouvelle création d'*Athalie*, elle surprend la critique par son interprétation dépouillée, si éloignée de son jeu

1. Béatrix Dussane (1888-1969). Comédienne, sociétaire de la Comédie-Française, elle prend une part active dans le théâtre aux armées.
2. Adrien-Étienne Drian, peintre, graveur et illustrateur français.

traditionnel. « *Athalie* est une des rares pièces qu'il me soit maintenant possible de jouer, déclare-t-elle. L'accident dont les suites m'obligent à garder une immobilité relative ne me défend pas certains mouvements sur place ; les souveraines de l'Antiquité faisaient leur entrée sur des lits ou sur des trônes. C'est donc dans une chaise de ce genre que je ferai mon entrée. » Voilà comment Sarah surmonte son impotence et initie un nouveau jeu de scène. La même année, elle se travestit pour la dernière fois dans *Daniel*, une pièce de Louis Verneuil[1], et elle joue *La Gloire* que Maurice Rostand a écrite spécialement pour elle.

Aucune de ces pièces n'est un chef-d'œuvre, elle en a parfaitement conscience, mais elle les monte par pure amitié[2]. Sarah s'étourdit en fêtes de charité et de bienfaisance. En 1922, elle écrit à Suze Rueff, sur un ton qui n'a rien perdu de sa vivacité : « Il y a grand bal à l'Opéra jeudi et je dois dire des vers à madame Curie, la femme radium dont le mari a été écrasé par un camion. Cette femme n'a pas de quoi faire un laboratoire et c'est pour cela qu'on lui offre une représentation. La France est si pauvre en ce moment. » Mais en dépit de tout le respect qu'on lui doit, elle n'est plus la brillante convive qu'on se disputait naguère. L'abbé Mugnier[3] a ce mot très dur dans son *Journal* : « Sarah n'est plus qu'une *démolition*, elle ne parle que de Sardou et de Rostand. »

Et pourtant, elle regarde toujours devant elle. Elle découvre le cinématographe avec un film, *La Voyante*, dont les premières scènes sont tournées dans son hôtel particulier du boulevard Pereire. Avec la caméra, elle n'en est pas à son premier essai et la plupart de ses grands succès théâtraux ont déjà été mis en boîte. À sa mort, un article paru dans un numéro spécial de *Comœdia illustré* résumera ce volet de son art.

1. Il épouse sa petite-fille Lysiane en 1921.
2. Il demeure de Sarah dans ses derniers rôles des photographies assez émouvantes d'une vieille femme outrageusement maquillée.
3. Abbé Mugnier (1853-1944). Curé de campagne, il fréquente de 1879 à 1939 les salons parisiens, dont il décrit les mœurs dans son *Journal*.

« André Calmettes, y lit-on, fut le premier animateur cinématographique de Sarah Bernhardt. Il lui fit tourner, en 1908, *La Tosca* et *La Dame aux camélias*. Sarah fut médiocrement enthousiasmée par l'"art silencieux" qui était alors dans sa première enfance. Il faut dire que ces films étaient réalisés en un jour et joués comme sur la scène. On devine aisément quel pouvait être le résultat... Absorbée par ses créations théâtrales et ses tournées à travers le monde, Sarah ne revint à l'écran qu'en 1912 pour tourner *Élisabeth reine d'Angleterre*. Acheté par une firme américaine, ce film connut un énorme succès en Amérique et c'est grâce à ce succès que la compagnie Paramount fut lancée. *Adrienne Lecouvreur, Jeanne Doré*, mis en scène par monsieur Mercanton, furent tournés en 1913. Vint la guerre, la tragédienne interpréta un film patriotique : *Mères françaises*, également dirigé par monsieur Mercanton et où parut monsieur Signoret. Enfin, au début de l'année 1923, les films Abdoré proposaient à Sarah Bernhardt de tourner *La Voyante*. Malgré les objections de ses docteurs, Sarah voulut jouer le rôle qu'on lui proposait. Ce devait être son dernier rôle. »

Dans son premier film, *Paris qui dort*, tourné en 1923, le cinéaste René Clair évoque la réaction de Sarah face à cette nouvelle forme d'expression artistique si différente de celle du théâtre. « Son génie théâtral s'exprimait par sa voix, ses attitudes ; ici, la voix était muette et les attitudes devaient être décomposées et recomposées lentement selon une technique qui veut que l'acteur de génie ne soit rien d'autre que ce qu'en fait le directeur de prise de vues. »

Quand, au printemps 1923, Leon Abrams, un producteur américain, lui propose donc le rôle-titre d'une tireuse de cartes dans *La Voyante*, un film de Sacha Guitry, elle accepte aussitôt. Est-ce la curiosité qui la pousse ou le besoin d'argent ? L'atelier du boulevard Pereire est transformé en studio de cinéma et équipé d'une installation électrique. Les sunlights fatiguent ses yeux et l'obligent à porter des lunettes fumées entre les prises de vues.

Sa lassitude est extrême. Elle fait pitié à ses partenaires Harry Baur[1] et Lili Damita[2]. Mary Marquet, qui figure également dans la distribution, retrouve par moments les fulgurances de l'ancienne Sarah, quand le metteur en scène crie : « On tourne ! » « Elle semble alors sortir de sa torpeur. Le visage comme transfiguré, le cou tendu, les yeux brusquement dilatés, elle exprime l'ardeur de vivre. » Mais elle est trop épuisée pour continuer.

Pour la première fois de sa carrière, elle qui n'a jamais failli, elle jette les armes. À la vue des journalistes qui font déjà le siège de sa maison, elle a ce mot que rapporte Lysiane : « Les journalistes m'ont assez tourmentée durant toute ma vie, je peux bien les taquiner un peu en les faisant languir. » Quelques jours plus tard, le 25 mars 1923, elle succombe des suites d'une nouvelle crise d'urémie.

Un dessin de Marcel Vertès[3] fait le tour de la presse. On la voit allongée tout de blanc vêtue sur son lit recouvert de violettes et de lilas, un crucifix entre les mains croisées, à côté du ruban rouge de la Légion d'honneur. C'est dans son cercueil en bois de rose qu'elle est enterrée.

Le Tout-Paris vient rendre un dernier hommage à la Grande Sarah. Pendant plusieurs jours, les journaux consacrent leur première page aux obsèques de Sarah et à l'évocation de sa carrière. Elle n'a pas droit comme Victor Hugo à des funérailles nationales. L'enterrement se déroule dans une pompe grandiose et rassemble des milliers de personnes. Les jeunes filles de l'orphelinat des Arts[4], tenant une palme à la main, entourent le char

1. Harry Baur (1880-1943). Acteur de théâtre et de cinéma, il est célèbre pour ses rôles de composition.

2. Lilian Carri, dite Lili Damita, actrice française née en 1906. Elle épousera Errol Flynn.

3. Marcel Vertès (1895-1951), graveur, illustrateur et peintre hongrois naturalisé français.

4. L'orphelinat des Arts est une institution de bienfaisance fondée en 1880 par l'actrice dramatique Marie Laurent (1845-1904) pour venir en aide aux enfants des comédiens laissés seuls à la mort de leurs parents. Sarah Bernhardt, cofondatrice, en devient présidente d'honneur en 1920.

Dessin de Vertès pris dans la chambre mortuaire.
Illustration en première page de *Comœdia illustré*, 28 mars 1923.

funèbre qui est suivi de plusieurs chars entièrement recouverts de fleurs.

Le vœu de Sarah d'être enterrée à Belle-Île ne sera pas exaucé.

C'est au cimetière du Père-Lachaise, sous une arche de pierre d'un dépouillement extrême, qu'elle repose, auprès de sa mère et de ses deux sœurs, avec comme simple inscription[1] :

SARAH BERNHARDT 1844-1923

Dans le classement alphabétique des documents relatifs à la vie de Sarah qu'avait adopté Pitou, son secrétaire particulier, il aurait fallu ajouter, à côté du dossier marqué M pour Malheur[2], un dossier plus gros encore portant la lettre B comme Bonheur. On y aurait alors rangé : Maurice, *L'Aiglon*, Belle-Île, l'Amérique, la sculpture… et en tout premier lieu le Théâtre.

1. En 1924, pour commémorer le premier anniversaire de sa mort, une association américaine de Chicago fit sceller sur sa tombe une plaque sculptée par Fred Humphrey qui a malheureusement disparu.

2. Pitou avait classé, dans un carton marqué M, toutes les notes relatives aux épisodes de la vie de Sarah frappés par le malheur : la guerre de 1870, l'incendie de la rue Auber, la mort de sa mère, celle de ses sœurs, son amputation…

ÉPILOGUE

« La vie est courte, même pour ceux qui vivent longtemps »

Sarah Bernhardt, consciente de son exceptionnel talent et de sa séduction (comment en aurait-il été autrement ?), avait sans doute dans l'idée de s'enraciner dans la gloire en devenant immortelle. Sur ses vieux jours, quand il lui arrivait d'évoquer le passé, ne disait-elle pas le plus simplement du monde : « C'est vrai, avant ma mort, je suis entrée dans la légende. »

Les événements vont lui donner raison. Dans les mois qui suivent sa disparition s'élève tout un concert de louanges de la part de ceux qui l'ont connue. Deux revues, *Comœdia illustré* et *Le Théatre français*, lui consacrent ensemble un numéro spécial. Ils retracent sa vie à travers des fragments de ses Mémoires, des interviews qu'elle a données et des témoignages de ses contemporains. Tous, des auteurs aux comédiens, des hommes de théâtre aux romanciers, s'accordent pour reconnaître à cette actrice hors du commun un talent à nul autre pareil. Antoine considère qu'elle a gagné l'immortalité. « Depuis longtemps, dit-il, nous savions que nous ne serions jamais séparés d'Elle, puisqu'Elle avait dépassé les ordinaires limites d'une existence humaine. Nous la reverrons moins souvent, voilà tout. » Ce désir d'éternité revient comme un leitmotiv.

Sarah est comparée à l'étoile des poètes, une étoile qui continue à « luire au firmament de l'art dramatique ».

Sarah déesse du théâtre ne peut mourir. La magie de sa voix demeure intacte, même si la cire des premiers enregistrements phonographiques ne restitue pas exactement cette sonorité particulière qui envoûtait son public. Le directeur du Théâtre d'art de Moscou, Stanislavski[1], se joint au deuil de la France et regrette « cette grande voix au timbre d'or qui ne résonnera plus ». Dans le cortège des éloges mêlés de tristesse, on insiste particulièrement sur ses qualités : courage, ténacité, perfectionnisme, et au-dessus de ses dons et de son génie, « une volonté qu'elle a forgée d'elle-même et sa conscience d'artiste qui n'a jamais failli ».

Parmi ces hommages qui, il faut le reconnaître, sont souvent « convenus » filtre parfois un compliment plus personnel. Béatrix Dussane avoue, émue : « Sarah Bernhardt m'est toujours apparue comme un vivant miracle, une perpétuelle victoire de l'esprit rayonnant sur le corps fragile, souffrant ou ruiné. C'était une magnifique flamme qui nous donnait tant de lumière et de chaleur que nous voulions la croire inextinguible. »

Le romancier Claude Farrère[2] la compare à un marin : « Sarah Bernhardt n'était ni de Paris ni de province, l'Europe même lui était trop petite. Elle aussi fut, comme les marins, d'abord internationale. »

Certains, dans cette cohorte d'adulateurs, s'étonnent que l'actrice n'ait pas eu droit à des funérailles nationales. Gustave Téry[3], rappelant que l'acteur anglais Henry Irving eut l'honneur d'être enterré dans l'abbaye de Westminster, suggère que Sarah entre au Panthéon.

Dans cette belle unanimité retentit toutefois un bémol, celui d'un journaliste qui admet que Sarah a été une immense artiste, mais qu'elle n'a en rien surpassé les comédiennes de son temps. Pourtant les noms qu'il

1. Konstantine Stanislavski (1868-1933). Acteur et metteur en scène russe, il fonde le Théâtre d'art de Moscou. C'est un réformateur du théâtre comme Gordon Craig.
2. Frédéric Charles Bargone, dit Claude Farrère (1876-1957). Écrivain français, ancien marin, il fut un émule de Pierre Loti.
3. Gustave Téry (1871-1928), écrivain et journaliste français.

cite, Favart, Baretta, Reichenberg, Émilie Broisat, n'en déplaise à ce monsieur, n'ont pas dépassé le siècle.

La conclusion de cette « chronique nécrologique », c'est Léon Daudet qui la donne devant sa tombe : « Là repose à jamais ce que toute une génération aurait voulu être ou du moins connaître. Là gît toute la sentimentalité, toute la sensibilité d'une époque. Chacun, chacune de ceux qui s'approchent de la quarantaine, de la cinquantaine ou de la soixantaine, peut mettre un petit crêpe. »

La légende de Sarah se construit non seulement dans la mémoire, mais aussi dans ses objets familiers qui nous sont restés, les fauteuils où elle s'est assise, les tapis qu'elle a foulés, les canapés sur lesquels elle s'est étendue, les bibelots qu'elle a touchés, les tableaux qui ornaient ses murs, tout ce qui constituait son environnement quotidien.

Pour régler sa succession, moins de trois mois après sa mort, on met à l'encan tout ce qui lui a appartenu. L'hôtel du boulevard Pereire est vidé de son contenu, de la cave au grenier. Du 11 au 13 juin 1923, à la galerie Georges-Petit, a lieu la vente de ses tableaux et de ses sculptures, de ses bijoux de théâtre, de ses objets de curiosité, de ses meubles et de ses sièges. Si ses héritiers entendent conserver dans la famille certains souvenirs, en particulier la grande cathèdre marquée de sa devise et le beau tableau de Clairin, il reste suffisamment de choses pour régaler les amateurs venus en grand nombre.

La veille de la vente, un journaliste, Maurice Feuillet, s'est rendu boulevard Pereire. Reçu par le fidèle Pitou qui veille encore sur la demeure, il s'est promené dans le hall, le salon, et il ne reconnaît plus rien de cet appartement légendaire. « Comment évoquer la grande tragédienne dans ce hall en désarroi ? C'est pourtant là, sur ce pavage mosaïqué, qu'elle recevait, étendue sur des peaux de bêtes, entourée du vacarme de perroquets multicolores, des cris des singes gambadant dans les palmiers. Errant au milieu de cette confusion, dans l'hôtel abandonné, je reconnais, ici et là, un objet familier qui évoque des sensations que l'on croyait mortes et qui tout à coup ressuscitent. Le grand bureau de *L'Aiglon*, les deux flambeaux en émaux byzantins qui étaient renversés chaque soir dans *Izéil*. »

Le Tout-Paris se presse à la salle des ventes. Par curiosité ou pour acheter un souvenir, une relique quelconque entrevue chez Sarah. Les femmes, dont beaucoup d'artistes, se précipitent sur les bijoux de scène. Julienne Marchal de l'Opéra-Comique, la comédienne Paulette Pax et Mary Marquet, qui essaie de réunir le maximum d'objets personnels de sa grande amie, Sacha Guitry, Alfred Rothschild. Tous sont là pour se partager « ces dépouilles de gloire, qui ont senti les moiteurs de la chair, les frémissements de la gorge haletante, les émois, les joies, les douleurs », commente un journaliste.

Des voix s'élèvent pour réclamer que la propriété de Belle-Île et l'hôtel du boulevard Pereire soient transformés en musées consacrés à la grande tragédienne. Peine perdue. Tout comme les velléités de faire baptiser une rue de Paris et la place du Châtelet « Sarah-Bernhardt », ce qui aurait paru justifié. À l'initiative d'un comité présidé par Henri Bergson, la commune du Plessis-Robinson souhaite créer un village Sarah-Bernhardt destiné aux artistes et aux écrivains, une sorte de Cité fleurie[1]. Aucun de ces projets n'aboutira.

Au lendemain de ses obsèques, Sacha Guitry lance auprès des comédiens, des directeurs et des personnels des théâtres de Paris une souscription afin d'élever « une statue très belle d'un marbre impérissable » à la gloire de leur chère camarade. Soixante-quinze artistes répondent à un premier appel, parmi lesquels quelques gloires montantes comme Yvonne Printemps, Harry Baur, Raimu, Mistinguett. Il faudra trois ans pour réunir les fonds nécessaires. L'opiniâtreté du « Comité du monument

1. La Cité fleurie est un ensemble d'ateliers d'artistes installés au milieu de la verdure, boulevard Arago à Paris.

Sarah-Bernhardt » n'est pas de trop pour réchauffer les énergies tiédies. « Elle [Sarah] a connu la gloire, les honneurs, est-il nécessaire que la Ville de Paris y ajoute une apothéose ? » se demande-t-on en haut lieu.

Antoine Bourdelle propose d'élever, au Palais-Royal, un temple grec qui abriterait la statue de la tragédienne. C'est un autre sculpteur, François Sicard[1], qui réalise, en 1926, dans le plus pur style des années trente, le monument de pierre qui orne encore la place Malesherbes, où Sarah est représentée en Phèdre.

En signant un roman autobiographique assez fade, *La Petite Idole*, Sarah avait ouvert la voie aux romanciers. Ils ne se privèrent pas de la prendre pour modèle.

Nous avons vu comment Edmond de Goncourt, subjugué par ses interprétations, de *Phèdre*, imagine son roman à partir de « documents humains », glanés çà et là autour de la vie de Sarah. *La Faustin*, c'est donc Sarah à la puissance dix, entourée d'un aréopage de personnages avides des miettes de sa gloire. Henry James s'intéresse à l'ascension vers la célébrité d'une jeune débutante, Miriam Rooth, dont il fait l'héroïne de *La Muse tragique*, roman paru en 1890. L'apprentie comédienne, déterminée, obstinée, travailleuse, n'est pas sans rappeler une certaine Sarah que l'auteur a pu connaître en 1876, quand il était le correspondant à Paris du *New York Tribune*. Si James s'inspire de loin de la vie de Sarah, Jean Lorrain, au contraire, tout plein de sa composition dans *Théodora*, l'inclut dans ses récits romanesques. Sarah est Nora Lerys dans *Ellen* et Linda dans *Le Tréteau*, deux romans à clés qui lui permettent de jouer sur un registre allant de la ferveur à la perfidie. Aucun ne passa à la postérité.

S'il faut citer un chef-d'œuvre littéraire dans lequel Sarah trouve bel et bien sa place, c'est assurément

---

1. François Sicard (1862-1934). Sculpteur et graveur, il est l'auteur de nombreux bustes. Le projet du monument à Sarah est conservé au musée des Beaux-Arts de Tours, sa ville natale. Lors de l'inauguration du monument à Sarah Bernhardt, il expliqua : « J'ai choisi l'attitude de Phèdre au moment où celle-ci, assise, songe le cœur lourd à l'aveu terrible quelle s'apprête à faire à Oenone. »

À la recherche du temps perdu. Proust, avec un regard d'entomologiste, observe le monde des salons qui l'accueille. La Berma personnifie la tragédienne au sommet de son art. On l'y retrouve entourée de ses amis et de ses relations : la comtesse Greffulhe (la duchesse de Guermantes), Montesquiou (le baron de Charlus), Jules Lemaitre (Bergotte) et Charles Haas (Charles Swann).

Le mythe est en marche, d'autant plus que viennent s'ajouter aux œuvres romanesques les récits de ses élèves, de ses protégées, de ses jeunes admirateurs. Beaucoup prennent la plume pour témoigner. On voit alors fleurir des titres comme *La Vraie Sarah Bernhardt* ou *J'ai connu Sarah Bernhardt*, qui promettent aux lecteurs des révélations sur sa vie intime. Mais, reconnaissons-le, les auteurs contemporains de Sarah, dont nous avons choisi de parler ici, gardent une réserve discrète sur des points qui pourraient encore choquer ses proches, notamment sur sa vie privée. Sans doute est-il encore trop tôt pour déboulonner l'idole.

Reynaldo Hahn, Maurice Rostand, Marguerite Moreno, Mary Marquet, Sacha Guitry, voire Colette, ont laissé l'image d'une femme déjà âgée mais toujours battante, insolente, et d'un prodigieux pouvoir de séduction, que Jean Cocteau lui dénie[1]. Ces innombrables récits, biographies, pièces de théâtre, consacrés à Sarah et traduits dans toutes les langues, mis bout à bout, pourraient faire le tour de la terre[2].

Ce droit à la légende, Sarah l'a bien gagné, au-delà même de ce qu'elle pouvait escompter. De cette inoubliable artiste, qui s'est hissée, et avec quelles difficultés, au faîte de la gloire, avec toujours le désir de prouver qu'elle était la meilleure de toutes, il faut garder en

1. Dans *Mes monstres sacrés*, la description qu'il fait de Sarah vieillissante, ressemblant à quelque admirable Polichinelle, relève plus de la fascination que de l'admiration.
2. En 1982, les démêlés de Sarah avec Jarrett aux États-Unis inspirèrent même une nouvelle aventure de Lucky Luke, le héros de Morris, sur un scénario de Fauche et Léturgie.

mémoire l'image de la femme meurtrie dès l'enfance, toujours en quête d'amour et qui en fin de compte parvint à trouver le bonheur.

Accordons-lui le mot de la fin. En 1923, peu de temps avant de mourir, après avoir médité sur son existence, elle conclut :

« La vie est courte, même pour ceux qui vivent longtemps. Il faut vivre pour quelques-uns qui vous connaissent, vous apprécient, vous jugent et vous absolvent et pour lesquels on a même tendresse et indulgence. Le reste est "fouletitude" joyeuse ou triste, loyale ou perverse, de laquelle on n'a rien à attendre que des émotions passagères, bonnes ou mauvaises, mais qui ne laissent aucune trace. Il faut haïr très peu, car c'est très fatigant. Il faut mépriser beaucoup, pardonner souvent et ne jamais oublier que le pardon ne peut entraîner l'oubli. Pour moi du moins. »

BIBLIOGRAPHIE COMMENTÉE

La fascination pour Sarah Bernhardt a suscité depuis sa mort un nombre d'écrits considérables. Tous n'apportent pas le même type d'informations. Certains sont de simples témoignages, d'autres des ouvrages érudits, d'autres encore des essais narratifs. Pour ma part, je donnerai ma préférence en premier lieu aux récits-souvenirs de ceux qui ont vécu près de Sarah. Leurs témoignages ne sont pas dénués de partialité ni d'imprécisions, mais ce sont des renseignements de première main. Je citerai *Sarah Bernhardt ma grand-mère* (Paris, Éditions du Pavois, 1945), dont l'auteur est sa petite-fille Lysiane Bernhardt, *The Real Sarah Bernhardt*, le récit des confidences de Mme Pierre Berton, réunies par Basil Woon (New York, Boni and Liveright, 1924), ainsi que *I knew Sarah Bernhardt*, de Suze Rueff (Londres, Frederick Muller, 1951). D'autres récits nous font partager une partie de la vie de Sarah, comme celui de Louis Verneuil, *La Vie merveilleuse de Sarah Bernhardt* (Paris, Brentano, 1942) ou encore *La Grande Sarah* de Reynaldo Hahn (Paris, Hachette, 1930), ou *Sarah Bernhardt* de Maurice Rostand (Paris, Calmann-Lévy, 1950). Alfons Mucha a laissé un texte intitulé *Mes souvenirs de Sarah Bernhardt* (revue *Paris-Prague*, 20 avril 1923). D'autres livres de souvenirs ne font qu'une place à Sarah, mais suffisante pour qu'ils méritent d'être consultés, comme celui de Robert de Montesquiou, *Les Pas effacés. Mémoires* (Paris, Émile-Paul, 1923), de Marguerite Moreno, *Souvenirs de ma vie* (Paris, Éditions de Flore, 1948), de Sacha Guitry, *Si j'ai bonne mémoire* (Paris, Librairie académique Perrin, 1953), de Béatrix Dussane,

Dieux des planches (Paris, Lardanchet, 1964), de Jean Mounet-Sully, *Souvenirs d'un tragédien* (Paris, Pierre Lafitte, 1917), de Lou Tellegen, *Women have been kind* (New York, Vanguard Press, 1931), de Jean Cocteau, *Portraits-souvenirs* (Paris, Grasset, 1935), de Mary Marquet, *Ce que j'ose dire* (Paris, Jacques Grancher, 1977). Sarah Bernhardt a également sa place dans le *Journal* de Jules Renard (Paris, Robert Laffont, 1990) et *Quarante ans de théâtre* de Francisque Sarcey (Paris, Bibliothèque des Annales, 1900-1902) ainsi que dans *Loges et coulisses* de Jules Huret (Paris, Éditions de la Revue blanche, 1901).

Quelques ouvrages permettent de saisir l'environnement familial, culturel et artistique de Sarah ; citons-en quelques-uns : *Grandes Courtisanes du Second Empire*, de Bernard Briais (Paris, Taillandier, 1981), *Whistler et Montesquiou* de Edgar Munhall (Paris, Flammarion, 1995), le catalogue de l'exposition *1900* (Paris, RMN, 2000). Deux livres de souvenirs évoquent le Tout-Paris mondain de la belle époque : *Mon Paris et ses Parisiens* de André de Fouquières (Paris, Pierre Horey, 1953) et le *Journal de l'abbé Mugnier (1879-1930)* (Paris, Mercure de France, 1985) sans oublier *Jean Lorrain ou le Satiricon 1900* de Philippe Jullian (Paris, Fayard, 1974), bonne analyse du personnage, de son milieu et des relations avec Sarah.

Parmi les biographies consacrées à Sarah Bernhardt, certaines, parmi les premières publiées, mettent principalement l'accent sur sa carrière ; c'est le cas de *Sarah Bernhardt*, de Maurice Baring (Paris, Stock, 1933, traduction Marthe Duproix), *Sarah Bernhardt* de Binet-Valmer (Paris, Flammarion, 1936), *Sarah Bernhardt* de G. J. Geller (Paris, Gallimard, 1931), *Sarah Bernhardt* de Ludovic Bron (Paris, La Pensée française, 1925), *Sarah Bernhardt, une vie de théâtre* de Ernest Prosnier (Genève, Alex Julien, s.d.), très utile pour connaître la liste complète des rôles joués par Sarah.

Trois biographies contemporaines vont plus loin dans la recherche documentaire et s'attachent à montrer la femme autant que l'artiste. Malgré quelques partis pris, ce sont les ouvrages les plus complets sur la tragédienne. Il s'agit de : *Madame Sarah Bernhardt*, de Cornelia Otis Skinner (Paris, Fayard, 1968, adaptation française de Philippe Jullian), *Sarah Bernhardt*, de Philippe Jullian (Paris, Balland, 1977), et *Sarah Bernhardt* de Arthur Gold et Robert Fizdale, qui donnent une grande place aux relations amoureuses de Sarah (Paris, Gallimard, 1994, traduction de Jean-François Sené). Deux livres en hommage à Sarah sont aussi à signaler, l'un, magnifiquement illustré, du comédien Pierre Spivakoff : *Sarah Bernhardt vue par les Nadar* (Paris, Herscher, 1982) et l'autre, un brillant essai romancé de Françoise Sagan : *Le Rire incassable* (Paris, Robert Laffont, 1987).

On s'étonne en revanche que fort peu d'expositions aient été consacrées à Sarah Bernhardt. Les catalogues sont d'autant plus précieux ; mentionnons : *Pierre Cardin présente Sarah Bernhardt* (Paris, 1976), *Sarah Bernhardt in her Time* (New York, Fondation Wildenstein, 1984). Magnifiquement illustré est le catalogue rédigé par William M. Emboden, *Sarah Bernhardt, Artist and Icon* (Severin Wunderman Museum Publications, 1992), ainsi que deux autres qui mettent en perspective plusieurs artistes ; l'un est *Theatergöttinnen, Inszenierte Weiblichkeit*, rédigé par Claudia Balk, consacré à trois comédiennes, une Allemande (Clara Ziegler), une Italienne (Eleonora Duse) et une Française (Sarah Bernhardt) (Munich, 1994), l'autre est intitulé *Stars et Monstres sacrés* de Jean-Michel Nectoux (Les Dossiers du musée d'Orsay, Paris, RMN, 1986). Enfin il convient de signaler la dernière parution, *Portrait(s) de Sarah Bernhardt* (Paris, Bibliothèque nationale de France, 2000), édité à l'occasion de l'exposition *Sarah Bernhardt ou le Divin Mensonge* organisée par le département des arts du spectacle. Commissaire de l'exposition aux côtés de Noëlle Guibert, j'ai rédigé le texte : « Les costumes de Sarah Bernhardt ou le défi du narcissicisme. » Cet article, comme cette *Sarah Bernhardt reine de l'attitude*, est le résultat d'une expérience de sept ans dans le domaine des costumes de scène. Approcher une artiste telle que Sarah Bernhardt par les costumes se justifie dans la mesure où les quelques éléments subsistants éblouissent par leur beauté et nous rapprochent plus encore que les photographies ou les lettres de son intimité. Un catalogue de vente qui rassemble de nombreux dessins de costumes apporte de précieuses indications sur leur conception et leur réalisation : *Catalogue of Theatre, Ballet and Music-Hall Material* (Londres, Sotheby Parke Bernet, 23 octobre 1980).

La gloire de Sarah Bernhardt de son vivant sert le chercheur, qui n'a qu'à puiser dans la masse d'articles écrits sur elle entre 1880 et 1923. *Gil Blas, Le Temps* où Sarcey avait sa chronique théâtrale, donnent souvent des comptes rendus de pièces. Des revues spécialisées comme *Comoedia, La Rampe, Le Théâtre français* ou *La Revue illustrée* peuvent consacrer un numéro entier à Sarah Bernhardt. Le plus intéressant est le numéro spécial Sarah Bernhardt publié par *Le Théâtre* et *Comoedia illustré* en juin 1923, numéro qui retrace la vie et la carrière de la tragédienne.

Lettres et photographies sont dispersées parmi les musées et les collectionneurs privés ; néanmoins, le département des arts du spectacle de la Bibliothèque nationale de France est riche de nombreuses coupures de presse rassemblées par Auguste Rondel et ses successeurs qui se trouvent dans le fonds RT.

Il n'a pas été dans mon intention de mentionner les romans (il en a déjà été largement question dans cet ouvrage) et les pièces de théâtre consacrés à Sarah Bernhardt. Ce sujet est abordé par Philippe Baron dans *Le Mythe de Sarah Bernhardt* au théâtre (Annales de la faculté des lettres de Besançon, 1997). J'aurai pourtant plaisir à terminer cet aperçu bibliographique par un épisode mouvementé de la vie de Sarah Bernhardt mis en images par Morris et commenté par X. Fauche et J. Léturgie : *Sarah Bernhardt* (Paris, Dargaud, 1982). Pour toute une génération, la découverte de cette star débarquant sur le continent américain en compagnie de son imprésario Jarrett et traversant des aventures rocambolesques sous la protection de Lucky Luke est de la pure fiction. Mais les auteurs, armés de solides connaissances, racontent avec humour la première tournée de Sarah dont ils ont décidé de faire leur héroïne, comique certes, mais héroïne tout de même.

REPÈRES CHRONOLOGIQUES

1844, le 25 septembre, naissance à Paris de Sarah Marie Henriette, fille de Judith Van Hard, juive hollandaise, et du Français Édouard Bernhardt, français.

1851, naissance de sa demi-sœur Jeanne.

1855, naissance d'une autre demi-sœur, Régina.

1859, entrée au Conservatoire.

1862, premier engagement à la Comédie-Française, d'où elle est renvoyée un an plus tard.

1864, naissance de son fils unique Maurice à Paris.

1866, engagement au théâtre de l'Odéon.

1869, grand succès dans *Le Passant*. Incendie de son appartement rue Auber.

1870, création de l'ambulance de l'Odéon, pour venir en aide aux blessés.

1872, premier grand triomphe dans *Ruy Blas*, rôle de la reine. Sarah quitte l'Odéon, deuxième engagement à la Comédie-Française.

1872-1874, liaison avec Mounet-Sully. Début de la longue amitié avec Georges Clairin et Louise Abbéma.

1873, mort de Régina de la tuberculose.

1874, *Phèdre,* rôle-titre, grand succès.

1876, mort de Judith Van Hard, mère de Sarah, et de Jeanne qui s'adonnait à la morphine. Emménagement dans son hôtel de la rue Fortuny. Récompense au Salon pour son groupe sculpté *Après la tempête*.

1877, nouveau triomphe dans *Hernani,* rôle de doña Sol.

1878, présentation au Salon du tableau *La Jeune Fille et la Mort*.

1879, tournée à Londres avec la Comédie-Française. Exposition de ses œuvres.

1880, démission de la Comédie-Française, après l'échec de *L'Aventurière*.

1880-1881, première tournée en Amérique. Sarah joue pour la première fois *La Dame aux camélias* sous le titre de *Camille*.

1882, rencontre avec Jacques Damala, tournée européenne jusqu'en Russie, mariage avec Damala à Londres. Location du théâtre de l'Ambigu. Création de *Fédora,* grand succès populaire.

1883, vente publique de ses bijoux pour couvrir le déficit de l'Ambigu. Liaison avec Jean Richepin, scandale à la suite de la parution du livre de Marie Colombier *Les Mémoires de Sarah Barnum*.

1884, création de *Théodora* de Victorien Sardou.

1885, mort de Victor Hugo, reprise de *Marion Delorme*. Échec.

1886, vente de l'hôtel de la rue Fortuny, tournée en Amérique du Sud et du Nord.

1887, *La Tosca* de Victorien Sardou, installation dans une maison louée boulevard Pereire. Mariage de Maurice avec Marie-Thérèse Jablonowska, dite « Terka ».

1889, mort de Jacques Damala, naissance de sa première petite-fille Simone.

1890, *Jeanne d'Arc* de Jules Barbier et *Cléopâtre* de Sardou au théâtre de la Porte-Saint-Martin. Sarah fait une chute sur scène et se blesse le genou droit.

1891-1892, tournée mondiale jusqu'en Australie.

1893, direction du théâtre de la Renaissance, liaison avec Jules Lemaitre. Achat du fort de Belle-Île en Bretagne.

1894, début d'une collaboration de cinq ans avec Alfons Mucha ; première affiche pour *Gismonda*.

1895, *La Princesse lointaine* d'Edmond Rostand. Succès mitigé.

1896, grand succès avec *Lorenzaccio* de Musset. Le 9 décembre, « journée Sarah Bernhardt », un fastueux hommage à la tragédienne ; tournée en Amérique.

1897, naissance de sa deuxième petite-fille Lysiane, création de *La Samaritaine* d'Edmond Rostand. Sarah et la Duse jouent sur la même scène.

1898, Sarah, en faveur de Dreyfus, soutient Zola, elle est en froid avec son fils Maurice qui est antidreyfusard.

1899, installation au Théâtre des Nations rebaptisé théâtre Sarah-Bernhardt, un bail de vingt-cinq ans est conclu. Sarah y apporte d'importantes transformations.

1900, représentation triomphale de *L'Aiglon* de Rostand. Ce sera presque son « chant du cygne ».

1902, Sarah se rend pour la première fois en tournée en Allemagne.

De 1900 à 1914, nombreuses tournées en Amérique, en Europe et en Angleterre où Sarah Bernhardt est accueillie avec le même succès. Une nouvelle chute apporte des complications à l'état du genou, sans arrêter le rythme des créations et des représentations. Mariage de Simone avec un industriel anglais, Edgar Gross. Naissance de la petite « Terkette ».

1905, mort de Saryta, tuberculeuse, la fille de Jeanne que Sarah avait prise dans sa compagnie.

1907, parution de son autobiographie, *Ma double vie*.

1910, mort de Terka, installation de Lysiane auprès de sa grand-mère, dernière liaison de Sarah, avec le jeune acteur Lou Tellegen.

1912, jubilé de Sarah Bernhardt.

1914, Sarah est nommée chevalier de la Légion d'honneur. Après la déclaration de guerre, elle quitte Paris pour Andernos avec sa famille.

1915, Sarah Bernhardt, qui ne peut plus supporter les douleurs de son genou, demande qu'on lui coupe la jambe. L'amputation est faite à Andernos par le professeur Denucé ; quelques mois après, elle joue assise *Les Cathédrales*. Mort d'Edmond Rostand.

1916, participation au théâtre aux armées : Sarah se rend sur le front dans une chaise à porteurs.

Entre 1916 et 1921, tournées en Amérique, en Italie, en Angleterre, en Espagne, suscitées par des besoins d'argent.

1917, nouvelle opération d'un rein à New York.

1919, mort de Georges Clairin à Belle-Île.

1921, mariage de Lysiane avec l'auteur Louis Verneuil. Sarah est nommée officier de la Légion d'honneur.

1922, dernières apparitions sur scène dans deux pièces de Louis Verneuil : *Régine Armand* et *Daniel*.

1923, répétition d'une pièce de Sacha Guitry et tournage dans son appartement du film *La Voyante*. Affaiblie, Sarah Bernhardt est terrassée par une crise d'urémie. Elle meurt le 26 mars. Sa chambre est transformée en chapelle ardente, son enterrement rassemble des milliers de personnes.

6617

Composition Chesteroc International Graphics
Achevé d'imprimer en France (Manchecourt)
par Maury-Eurolivres
le 10 février 2003.
Dépôt légal février 2003. ISBN 2-290-32905-3

Éditions J'ai lu
84, rue de Grenelle, 75007 Paris
Diffusion France et étranger : Flammarion